U0561018

1. 彼得 · 保罗 · 鲁本斯，《银河的起源》，1636 年—1637 年

2. 西王母，东汉年间。陶制，公元 2 世纪

3. 中国西部的西王母雕像，伴随供奉的七彩烟火。2011 年母亲节

4. 科亚特利库埃（Coatlicue），阿兹特克人（Aztec）的大地女神——“我们的祖母”。墨西哥国立人类学博物馆，约 1500 年

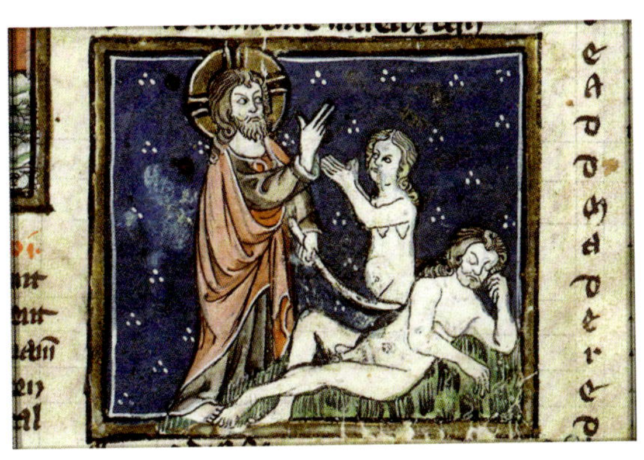

5. 上帝用亚当的一根肋骨造出夏娃。雅各布 · 范 · 玛尔兰特（Jacob van Maerlant）《历史之镜》（*Spieghel Historiael*）的袖珍版，1325 年—1335 年

6. 巴托洛·迪·弗雷迪（Bartolo di Fredi），上帝在于沉睡中生出夏娃的亚当身边充任助产士。圣吉米尼亚诺（San Gimignano），14 世纪

7. 印度教女神帕尔瓦蒂。泰米尔纳德邦（Tamil Nadu），青铜制，11 世纪

8. 浅浮雕湿婆与帕尔瓦蒂。冈仁波齐峰，6 世纪晚期

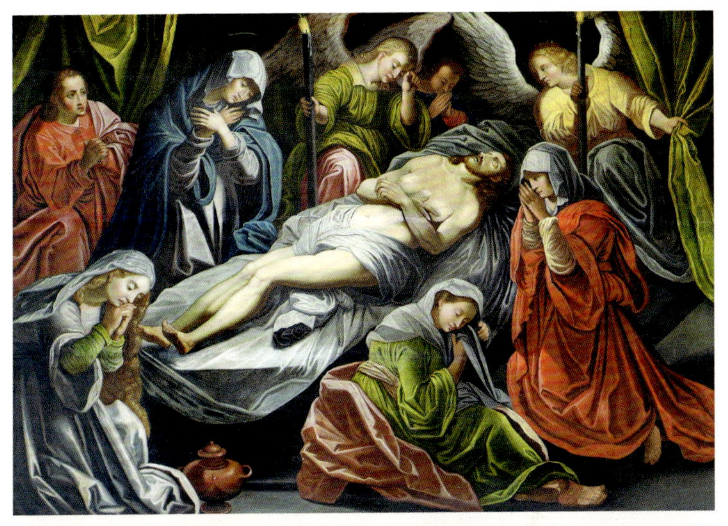

9a. 坟墓中雌雄同体的耶稣。无名氏，16 世纪
9b. 局部

10. 贞女玛利亚正在为她的孩子哺乳，她的身边环绕着天使。克里特岛（Kreta），15 世纪下半叶

11. 皮耶罗 · 迪 · 科西莫（Piero di Cosimo），绘成克莉奥帕特拉（Cleopatra）形象的西蒙妮塔 · 维斯普奇（Simonetta Vespucci）的肖像。热那亚，1490 年

12. 黑色贞女玛利亚雕像，发现于塞内加尔达喀尔港外海大西洋洋面的戈雷岛（Gorée）

13. 弗朗索瓦·克鲁埃，《沐浴的贵妇》。两种乳房，1571 年

乐园之丘

权力诞生与被剥夺的历史

[荷]米尼克·希珀——著

王晚名——译

HILLS OF PARADISE

A history of power and powerlessness

Mineke Schipper

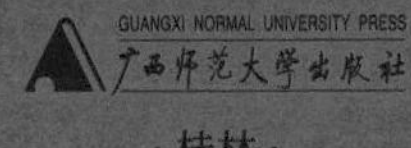

·桂林·

乐园之丘
LEYUAN ZHI QIU

著作权合同登记号桂图登字：20-2021-322 号

图书在版编目（CIP）数据

乐园之丘 ：权力诞生与被剥夺的历史 /（荷）米尼克·希珀著 ；王晚名译. --桂林 ：广西师范大学出版社，2022.3（2025.2 重印）

书名原文：Hills of Paradise: A history of power and powerlessness

ISBN 978-7-5598-4680-8

Ⅰ. ①乐… Ⅱ. ①米… ②王… Ⅲ. ①性别差异－研究 Ⅳ. ①C913.14

中国版本图书馆 CIP 数据核字（2022）第 003022 号

广西师范大学出版社出版发行
（广西桂林市五里店路 9 号　邮政编码：541004
网址：http://www.bbtpress.com）
出版人：黄轩庄
全国新华书店经销
广西昭泰子隆彩印有限责任公司印刷
（南宁市友爱南路 39 号　邮政编码：530001）
开本：880 mm × 1 240 mm　1/32
印张：8.25　　插页：8　　字数：168 千
2022 年 3 月第 1 版　　2025 年 2 月第 5 次印刷
印数：16 001~18 000 册　　定价：68.00 元

前言：被重建的故事屋 001
沉重的遗产 003
在既定秩序的摇篮中 010
神话的力量 015

第一部分
从女性造物者到男性造物者

1 一切生命的母亲们 026
永不干瘪的乳房 029
造物女神 033
神婚的玻璃天花板 038
夏娃如何失去了生命创造者的地位 048
伊斯兰教传统中“弯曲的肋骨” 052

2 男性造物者 058
用子宫或不用子宫创造生命 059
男神有乳房吗？ 064
阿拉伯女神们的结局 072
作为女人和母亲形象的耶稣 074

3 上帝母亲成了上帝的母亲 078
圣灵感孕说 079
哺乳的玛利亚 083
宗教世俗化 086
紧扣纽扣的圣母玛利亚 089

第二部分

令人向往与恐惧的

4 生命的原初通道 100

那个奥秘 102

黑暗的威胁 106

赤陶、黄金与青金石之丘 109

5 强有力的血 113

有关月经的神话 114

每月的魔法 118

来“月经”的男人 122

6 肚脐下的仓库 124

奇迹般的怀孕 127

男性的参与 130

恋爱关系及其后果 142

母鸡与公鸡——夫妻模式范本 144

安全的生育和充满感情的结合 147

7 哺乳的魔法 151

从乳头到坟墓 152

两种乳房 154

深不可测的母亲们 157

第三部分

有权与无权

8 暴力:“她知道为什么” 164

贪婪吞食的母亲 165

在大门之后 167

战争期间的性侵害 172

9 早期的首领开始处于危险之中 178

噢不……一个女孩 179

不完美 187

对女性秘密的窃取 194

养家糊口的人（男人和女人） 202

从领先到落后 205

10 公共空间属于谁? 208

“大胆尝试吧！” 210

来自外界的恐惧 214

全球化的乳房图像 220

通往巅峰之路 227

11 不断变化的世界 235

从男性的角度 236

有关性的错误观念 242

显而易见的事实 246

“Me Too”运动及其他 250

A REBUILT HOUSE OF STORIES

前言

被重建的故事屋

眼睛不满足于所看到的，

正如耳朵不满足于所听到的[1]

除了主要的文化差异，人与人之间还有着显著的相似之处：我们的身体有着相同的结构和功能——除了生理上区分男女的几个部位。纵观整个人类历史，男性和女性都曾经历有权与无权，即使如今在书面传统中，我们几乎已看不到女性对文化的影响。在这个过程中，神话难以觉察地扮演了一个重要的角色，这个角色通常不言自明，以至于几乎从未被质疑过。

20 世纪，女性开始占据一些她们以往难以企及的位置。但与这一新进展相伴的，却是无处不在的不安、窘迫、不便、挫折和暴力。特权的共享从来得之不易。

本书从一个较宽广的视角，关注一间覆盖全球的“屋子”，“屋子”里的故事和观念全部与女性被自然赋予的特殊身体部位有关。时不时地，一些社会的、文化的砖块被从“屋子”的墙上抽出。在时间的进程中，“屋子”中的一些空间被以激进的方式重建。然而，我们至今仍深陷于传统中，这些世代延续的传统，将我们与我们的祖先连接起来，这连接比我们所能意识到的更为紧密。为了懂得现在，我们需要理解过去。

---

1 《传道书》1:8（King James 版）。

沉重的遗产

从远古时代起，秩序就已在两性不同的基础上建立，至今依然强有力地决定着男性与女性的盛衰祸福。权力引起恐惧——恐惧于可能失去已获得的权力。对“任性而无法控制”的女性身体部位滔滔不绝的评论，即男性恐惧失去权力的表现，而女性对这些身体部位的看法则被永恒的地毯所掩盖。直到 20 世纪，来自女性的关于她们自己性别的信息都极少。毫无疑问，她们有关于自己身体（以及关于男性身体）的观念，但直到近年来，她们的观念对社会关系都鲜有影响。她们拥有的知识或在沉默中被异性接手，或被描述成“不够专业”。

有一个来自欧洲的例子：在将医药学建设成为专业学科的过程中，女医生和经验丰富的助产士们通常被排除在大门之外。直到 13、14 世纪，medica 这一术语都被用来专指女医生，与专指男医生的 medicus 一起使用。但女医生们并未将自己局限于妇科和女性病人之中。一些女性用拉丁文撰写了权威的医学论文，例如 12 世纪的女修道院院长希尔德加德 · 冯 · 宾根（Hildegard von Bingen）。然而，女性在当时被排除在中等教育和医药学学习之外，因此也无由接触医学实践中更重要、更受重视的形式。结果女性总结的医学知识很少能在书中保存下来。有一个例外是简 · 夏普（Jane Sharp）的医学手册——《助产士们的书或已发现的助产术

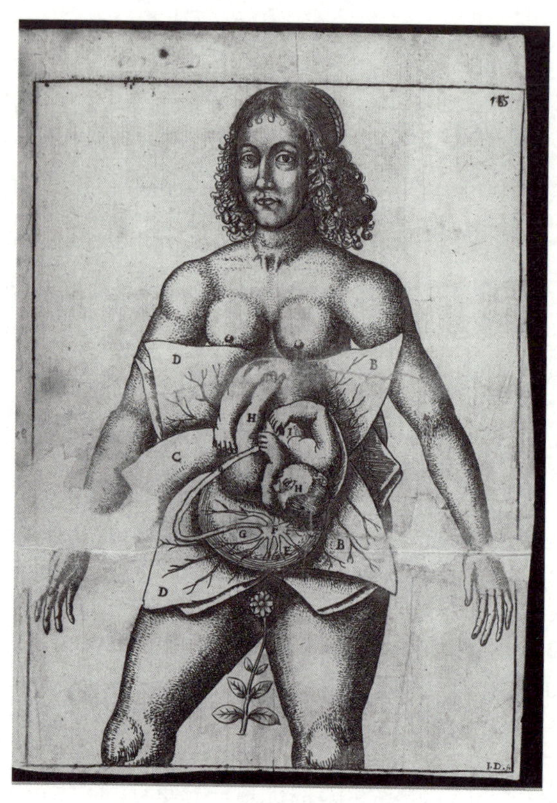

女性和未出生的胎儿。简·夏普，《助产士们的书或已发现的助产术的全部艺术》，1671 年

的全部艺术》（*The Midwives Book or The Whole Art of Midwifry Discovered*），这本书建立在有关女性身体丰富知识的基础之上。然而，有关简·夏普的信息我们几乎一无所知。女医生

和助产士们没有自己的行业协会。男医生们在医学手册中倾向于将他们的女性同行描述为“不够称职”。16 世纪末期，大多数医疗行为已由医疗协会成员垄断，女性无法进入这一组织。[2] 显而易见，“从事科学工作的男性……并不是生活在真空中；相反，他们感兴趣的方向由他们生活于其中的世界的结构决定”[3]。

大多数被说出或写下的有关女性身体的内容来源于男性提供的资料，或者被男性的视角左右。千百年来，对人类社会的研究几乎就是男性视角的研究。在地区、国家甚至全球层面展开的、从女性视角进行的研究，是新近的事情：我们不知道以前女人们身处女人之间时是如何言语和思考的；相比之下，她们很少书写，而她们的口头传统仅于 20 世纪 70 年代以后才开始引起研究者的兴趣。在此之前，给予女性对社会所做贡献的关注，往往比给予男性的要少。尤其是人类学家多为男性，他们已经认定女人的事情其实很无趣，并将这一观念内化。而且，在对不同文化进行田野调查研究的过程中，他们经常缺乏接触不同文化中的女性的渠道。因此，女性被弱化为一个个“被消音的群体”（muted groups）。这一术语由爱德温·阿登纳（Edwin Ardener）首创。他曾经得出一个结论：在社会科学各学科中，有关男性的知识和有关

2　Margaret R. Miles, *A Complex Delight*, 2008, 第 4 章。

3　Needham, *A History of Embryology*, 1934: xvi.

女性的知识之间存在着巨大的鸿沟——“不平衡的情况切实存在。出于各种实际的目的，我们身处一个男性的世界中。对女性的研究，其水准仅略高于研究鸭子或其他家禽所通常具备的水准——其实后一类研究也只是观鸟活动的水准。”[4]

当然，这并不意味着女人们总是同意屈服于这些继承来的观点。毕竟，如果女性从不抵抗，男性也就没有必要恐惧并控制女性解剖学了。这种恐惧催生出两种无处不在且极具活力的行动机制：尽可能地贬低女性和警示男人们对抗具有破坏性的女性之力。尽管这两者互相矛盾——你为什么要惧怕一个完全不重要的人？但它们反映了一枚古代硬币的两面。这枚硬币由混合着力量、恐惧和不安的情感所铸造。

权力的拥有者——无论权力是大是小——都曾管理和控制女性的性权利，仿佛女性是他们的所有物。他们需要将拥有乳房、阴部和子宫的女性身体变得毫无价值，需要尽量否定女性的贡献，需要表现得好像任何有关性的事都是自己的领地，这些需要被广泛传播，不容忽视。在无数世代流传的、聚焦男女之别的图像、故事、标志、仪式和评论中，都可以发现这类需要。

有关男性和女性权利、义务的观点，与政治、经济的发展并行。男性诗人、故事讲述者、艺术家、神职人员、学者和已婚者会根据自己的需要来决定两性间的不同，这些决定

---

4 Edwin Ardener，in: *Perceiving Women*,ed. Shirley Ardener, 1977:1-2.

取决于他们希望在某些根本问题上做出怎样的回答。这些根本问题包括：谁是主动积极的？谁是被动消极的？谁是观看的一方？谁是被观看的一方？谁发言？谁该倾听？

本书的书名来自一首中世纪时期学生创作的歌曲，歌词是拉丁文。这首歌描述了一幅充满女性特质的、曲线起伏的景象：

> 柔软地散发光芒，她处子的胸怀，
>
> 乳房舒缓地隆起，
>
> 如同乐园之丘。
>
> 哦，这拥有所带来的喜悦！
>
> ……
>
> 从她柔嫩的乳房向下，
>
> 现出一条弯曲的线条，
>
> 腰间如天鹅的绒毛，洁白而精致……腰之下，腹部线条流转，
>
> 直至下方的饱满。
>
> 在爱的花园里，百合绽放，
>
> 哦，这拥有所带来的喜悦！[5]

---

5 Flora，in: *Wine, Women, and Song. Mediaeval Latin Students' Songs*. 1840:112-113.

这首歌赞美了女孩的美，但附带地，也在宣称，她的裸体正被男性审视、触摸、描述和称赞，是男性的所有物。

直到 21 世纪，男学生和说唱歌手仍然唱着那些把女孩子当作他们的所有物的歌。所不同的是，在西方文化中，有些歌发生了很大的变化，有些甚至明显变得暴力。女孩子在中世纪时还不能读书，但现在可以——这是否可以解释这种语气上的变化？夸耀自己可以掩盖由于糟糕的个人表现而产生的恐惧。在一个地球科学学生组织内部，最近非常流行这样一首歌："我的长柄大锤是我的第三条腿 / 它将岩石击碎 / 但我宁可将它插入你的洞穴。"一个屈从于这种"锤击"的女孩觉得这"有点奇怪"，因为她只有 14 岁。男性的不安感越强，寻找的女孩就越年轻，越缺乏经验。而另一个学生组织"温迪凯特"（Vindicat），他们的年鉴讨论最美丽的女孩，并由衷表达了如下愿望："把那些脏女人的阴部顶在枪上。"

非常奇怪的是，女学生很少公开抗议这种侮辱性的言论。新近的一次公开抗议来自愤怒的家长。他们抗议一首名为《阴道万岁》的歌。"性别歧视、仇视女性和强奸幻想是令人憎恶和不可接受的。"他们在学生会的布告板上这样写道。但他们不希望自己的名字出现在报纸上[6]，很可能是为了避免给他们的女儿带来麻烦。

---

6 https://www.nrc.nl/nieuws/2018/01/09/seksistisch-zo-had-de-studieclub-het-niet-bekeken-a1587722.

也许女学生们不追究这种语言暴力，是因为它们从属于一种更普遍的思维方式，其基础观念是：独属于女性的身体部位削弱了其拥有者的意志力。2017 年，在邓伯特（Dumpert）网站的第一百次民意调查中，罗珊娜·赫茨伯格（Rosanne Hertzberger）呼吁人们注意这种将女性削弱至仅剩肉体的传统。这次民意调查中的一个标准问题是：是否一根阴茎专喜欢进入特定类型的女性的肉体？它平均每月获得约八百万浏览量，算是一个巨大的成功：

> 羞辱女性是一件大事。"幸运的是"，资本主义为这类情况提供了美好的解决方式。事实上，女性不仅是乳房、腹部和臀部，她们还是美国最重要的消费者。她们是决定买哪种车的人，她们决定去哪里度假、购物。所以，当所有福克斯（Fox）电视台的女性开始集体表达她们对老板的抱怨，愿意和她们的节目有联系的广告商就越来越少。[7]

意识到不仅你自己，其他人也拥有被尊重的权利，可以使人们团结起来。既然贬低的冲动已经如此公开和广泛地被表达，那么要求广告商重新思考他们赞助的节目的内容确实是个绝妙的主意。羞辱女性这一可悲的需求，无法让任何人

---

7 https://www.nrc.nl/nieuws/2017/04/21/vrouwen-vernederen-big-business-voor-geenstijlwiebetaaltdumpertreeten-8355536-a1555513.

找到一种方法，使现实变得可以忍受。只有当我们敢于正视我们关于恐惧和不确定的共同历史时，它才会结束。

在既定秩序的摇篮中

尽管繁衍后代需要两性都参与，但在自古以来的大多数社会中，总是只有一个性别能得到优待。这意味着，虽然婚姻牵涉两个家庭，但仅能由其中一方决定新组成的家庭在哪里生活：与新郎的家庭一起（patrilocal）或与新娘的家庭一起（matrilocal）。在狩猎采集被大面积种植的农业取代的文化中，当男性由于犁的发明更多地掌握了播种的本领，家庭关系开始变化，更多新家庭转向在男方家居住，年轻女性越来越多地留在男方家中，而非相反。[8] 这些女性终老于陌生的环境中，处于“他者”（the others）规则的监督下并屈从于这些规则；男性则自在地和自己的亲属待在一起，留在自己的家园中。

姻亲并非有直接血缘关系的亲属，在传统的想象中，婆媳关系一般被表现为互相猜疑甚至敌对的关系。在我生活过的刚果，母亲们警告自己想结婚的儿子：“和一个女人吃饭，

---

8 Ruth H. Munroe, Robert L. Carol R. Ember and Melvin Ember, “The Conditions Favoring Matrilocal versus Patrilocal Residence.” *American Anthropologist* 73 (1971): 571-594.

就是和一个女巫吃饭。”如果你疑惑这是什么意思，答案是：一个外来的儿媳将异质的血带入了这个家庭。而对这个女孩的家庭来说，这一系列事件意味着这个女孩的命运是离开自己的家庭并进入一个外人的家庭，她的孩子也属于别人。

在很多文化中，女孩被视为仅仅“经过”她们自己的家庭。就是这样，注定离开的女儿被视为“泼出去的水”（中国文化）或“烟灰”（阿拉伯文化）。孩子通常属于父亲的宗族，他们的母亲则从未完全属于任何一个地方。或者如卢巴人（Luba）的一条谚语所说：“女儿像雨滴，肥沃了别人的土地。”进化心理学家向我们展示，在从夫居的社会中，妻子们面临的以骚扰、虐待、强奸和剥削为形式的暴力，比在从妻居的社会中要多。[9]

女性通常被视为男性的所有物，因此强奸通常不被视为对一个人的完整性的侵害，而被视为对所有者的财产的侵犯。通过付给原本的“所有者”一些赔偿，受害者就会被转送到强奸者手里，这强奸者就是她的新的“所有者”。在《希伯来圣经》中，这一安排可以参考《申命记》（Deuteronomium）（2:28-29）。在很多社会中，这至今依然是常见惯例，尽管现在对这种做法的抗议变多了。支撑这种做法的常见论证是这样的：所有者拥有处置自己财产的权利，他可以用它交换别的东西或将它放弃，只要他愿意；当

9 Vandermassen, *Darwin voor dames*, 2005:189. 更多有关暴力的内容见第 10 章。

财产受到损坏或伤害时，他也有权要求合理的赔偿。

礼物在任何文化中都发挥着重要的功能，它总能将摇摆于爱恨之间的脆弱平衡推向积极的一面。给予与接受创造了纽带，这些纽带使一个群体免于分崩离析。由于近亲性关系的禁忌，一个女孩不可能和自己的近亲结婚。无论何时，当一个男人需要一个妻子时，这位妻子必然是由另一个男人出让的，这个男人通常是她的父亲或兄弟——正如克洛德·列维-斯特劳斯（Claude Lévi-Strauss）明确阐释的那样。这一几乎全世界通用的准则建立在互惠主义这一更为广泛的概念上：人作为社会动物，必须与他人交换所有物。

交换最珍贵的财产——女人——创造了必要的、以不同群体间的相互交换为形式的互惠主义。这种以物易物的形式使男性将自身视为社会的管理者，而“他们的女人”则是商品性质的家庭所有物。交换生活用品的活动强化了男性自治，同时却多多少少将女性变成了“可流转的资产”。被交换者不再被视为和交换者处于同等地位的人。

父权社会的组织模式与家庭相同。在家庭中，父亲往往对家庭中的其他成员施展权威。“父权制”（patriarchy）这个词由希腊文的“pater”（父亲）和表示“开端”“统治原则”的“archè”两个词组成。父权制关系的建立过程是漫长的，并于不同的时间在世界的不同地方发生。在中东，这一发展花了约2500年（约公元前3100—公元前600年）。人类所知的最古老的法律是刻在黏土板上的，在美索不达米亚

（Mesopotamia，今伊拉克境内）被发掘出来。楔形文字的铭文清楚地说明：女性的性权利和女性诞育生命的能力明确由男性掌控，格尔达·勒纳（Gerda Lerner）在《父权的创造》（*The Creation of Patriarchy*）中极具说服力地展示了这一点。

女性主义者曾怀抱希望地思考母权社会的存在，在那样的社会中，女人占据着主导位置。但这方面有说服力的证据从未被找到，尽管在很多（主要是负面的）故事中，过去的人类社会曾仅由女人组成，或主要由女人统治。[10]

也有几个人类社会被描述为女人和男人在某些方面共享权力。例如安纳托利亚（Anatolia）的加泰土丘（Çatal Höyük），这是一个新石器时期的城市聚居区（它自身有六七千年历史），实行从妻居的制度，有 6000—8000 人在这里居住。[11]

危急时刻，当种族生存由于生态学或人口学问题而面临考验时，社会便极其需要更为强大的诞育生命的能力，这也就需要更多的女性。农业使更多的人可以活下来。如果某地人口增长、空间受限，则需加强农业，或扩张领地。这就造成了邻近宗族之间的紧张关系和冲突：宝贵的耕地必须受到保护，防止被敌人掠夺。当扩张导致战争，敌对宗族的基础设施就会被摧毁。男性被尽可能地消灭，作为战利品的女人和孩子变成奴隶，

10　见笔者前著：*In het begin was er niemand* 2010:171-175。

11　Lerner, *The Creation of Patriarchy*, 30-31.

以为战胜方提供更多的生育机会和劳动力。很明显，奴隶是比女人地位更低的一类人，血缘关系在逐渐为阶级社会让路。

农业社区逐渐发展成为城市中心，大约在公元前 4000 年，美索不达米亚和埃及（Egypt）的土地上建立起了最早的一批城市。早期的国家开始出现，首先是在亚洲和中美洲（Mesoamerica），然后是非洲、欧洲北部和世界其他地方。在安全系数增加的地方，人们的自信心随之增长，宗教和世俗权力逐渐集中到一个（至高无上的）男性统治者身上。

根据已知最早（公元前 3000 年左右）的黏土板上的铭文，我们可以知道，女人们曾积极地参与经济、宗教和政治生活，但即使在那个时期，女性在社会中的地位也依附于男人。无论在何地，当男性的主导建立起来，女性就以一种新的方式被审视。一条铁律是：女人们不再快乐，并失去了她们的权力。男人们因为他们的家庭谱系的传承，可以拥有自己的家；而根据地方传统，女人属于男人，男人有凌驾于她们之上的权力。在等级社会中，女人依附于她们的父亲、兄弟和丈夫，她们的地位取决于他们的地位：

> 男人或男性主导的机构掌控着女性的性权利和生育过程，所有女性必须接受这一点。[12]

---

12 Lerner, *The Creation of Patriarchy*, 100.

这一点对那些被劫掠或被买卖的女性更适用：对于她们来说，经济剥削包括性剥削。在大多数情况下，这些女性甚至也赞同那些主流的观念，因为她们几乎别无选择。很可能这些观念在早期就已被社会内化接受，成为公认的，甚至是不言自明的准则。

在早期社会，身体暴力几乎存在于每一个人类社区，它是女性被迫服从"繁殖安排"[13]的原因之一。当一位母亲没有男性保护者时，孩子们的生活会面临大到无法抵御的风险，而这位男性保护者需要确认后代属于自己。为了与对手竞争，男性将女性的身体当成自己的所有物并加以控制，仅供自己使用。

男性从自己的角度和经验出发，详细描绘了社会的历史。在大部分社会中，男性气质至今比女性气质更受人欣赏。男人拥有更多的政治权利，"男人的工作"也远比"女人的工作"受人欣赏。

神话的力量

尤瓦尔·诺亚·赫拉利（Yuval Noah Harari）在他的畅销书《人类简史》（*Sapiens*）中总结道：生物学令很多事情变得可能，而文化起的是限制或阻止的作用。男性统治的普遍

13　这一术语见 Sarah Blaffer Hrdy 的 *Mother Nature*, 1999:258。

发展不可能是一种巧合，他如是说。但他未能解释为什么等级制度依旧得以广泛保留并且势力强大。

> 搞不好，雄性智人的主要特点并不在于体力、侵略性或争强好胜，反而是有更佳的社交技巧，更善于合作？这点在目前仍无定论。[14]

这真令人失望。且不管本书那浮夸的标题——“人类简史”，作者在揭示神话和流行文化如何有助于阐明性别不平等的根源时存在一个盲区。起源和创世神话中有两个关键问题：一是女神和男神各自扮演的角色的改变；二是世界上第一个男人相比于第一个女人的优势。这两个问题导致历史逐渐合理化了建立在性别差异上的不平等。由于共同信仰的神话的成功，不断扩大的人类群体开始共同劳作；这种共同劳作先是发生在家族中和城市社区中，后来发生在同一民族中、国际化社区中，以及向全世界扩张的宗教中。《人类简史》的作者还指出，这类故事是社会运转的基石，它们非常重要。这种认识是正确的。[15] 但他和列维－斯特劳斯一样，在揭示神话和流行文化如何有助于阐明性别不公的发展时存在一个盲区。

14　Yuval Noah Harari, *Sapiens*, 2011:178.（译文出自尤瓦尔·赫拉利《人类简史：从动物到上帝》，林俊宏译，中信出版社，2014 年 11 月，155 页。——译者注）

15　见林俊宏译《人类简史》，第 28、34 页。

神话涉及影响整个社会的诸多关键问题。它们为人类的生存发展奠定了基础，并且世代相传。只要人们相信属于他们自己的故事，故事所描绘的秩序就会延续下去。如果一个社会需要从根本上发生改变，或者要向新的方向发展，那装故事的屋子就要重建。

而随着时间的流逝，神明不可避免地获得了人的特征，神话中属于女神的创造和赋予生命的基本能力，以引人注目的方式被男神接手。很多故事被重写，于是一个性别被抬高，超越了另一个性别，享有大多数权力，也将大多数机会给了自己。在一些故事中，新的神族领袖在激烈的战斗中以极端的方式除掉了自己的母亲。

神话解释道：女性的力量需要被扼制，因为女性任性多变、不公正、需索无度。这样就将这一系列的转变正当化了。我在肯尼亚时听说了一个吉库尤人（Gikuyu）的故事，这个故事讲述了女性一度如何掌权：她们残酷无情，如暴君一般施行统治。男人为她们做一切事情，他们狩猎、在田中耕作、烹饪、照顾孩子（在一些版本中还给孩子喂奶）、为保护家庭抵抗敌人，而女性只管发号施令，此外什么都不做。然而，男人为了满足女人的需求，狂热地拼尽全力，像奴隶一样被剥削，女性统治者却从未感到满意。毫不奇怪，男性最后以诡计还击：他们内部达成共识，在同一时间让所有女性怀孕。当女性忙于生育时，不公正的制度被颠覆了，“男人创造了一种新的秩序并加强了对社会的掌控。自此，吉库尤社会便有了公正与和平。”

这个故事给人的印象是，母权被父权取代。不过，如前所述，母权制从未真正作为一种社会秩序存在过。男性对女性权力的窃取，或者说“对女性秘密的窃取”，在世界的某些地方是一个引人注目的主题。第 9 章将对这一点进行更详细的论述。

神话对人的身体倾注了极大的注意力，并将一个社区中有关性别等级的信息和有关初民（first people）的故事联系起来。关于在性关系中“一切应该是什么样子”的谚语几乎无处不在，例如非常流行的马和骑手的比喻：“骑马的人负责控制。”

男人要靠女人才能获得自己热烈渴望的子嗣，这一无法回避的事实从源头上扰乱了两性间的平衡。这一不公平的不平衡无疑影响了各种关系，使男性强烈地渴望被补偿：他们需要权力，渴望控制女性的繁殖能力，并禁止女性进入某些重要领域。

男性认为女性的阴道潜伏着吞噬欲，男性对它的恐惧使两性间的交流变得更复杂——很多文化中关于威胁的故事都提示着这一点。这种恐惧不仅反映在故事中，也反映在奇怪的禁令中。这一原初通道所拥有的权力曾经必然相当强大（现在依旧强大），以至于“一个男性看了女性的阴部会受到惩罚，他的孩子也会因此而先天目盲”[16]。——这种妄想到底

16 Satlow, *Jewish Constructions of Nakedness*, 441-442.

来自哪里呢？

女性创造生命的能力被与一种必须被驯服的、无法控制的天性联系在一起。很多神话引入一个令人安心的、至高无上的男神或男性祖先作为一切生命的创造者，以此尝试给女性这种令人恐惧的生命力套上笼头。在埃及的一个故事中，以原始海洋形式存在的远古力量努恩（Nun）生育了日神阿图姆（Atum），但此后这个男性造物者与自己的手交媾。一篇古埃及的墓文就记录下了这些：

> 在天空形成之前，
> 在大地形成之前，
> 在地面和爬行动物在这里被创造出来之前，
> 我是一个伟大的存在，来自我自己。
> 我独自实现了自己的全部愿望，
> 我在心中考虑，在头脑中计划
> 我该如何塑造万物。
> 于是我吐出了舒（Shu），呕出了泰芙努特（Tefnut）。
> 这些在依然只有我自己的时候发生……
> 我用拳自渎，与自己的手交媾，
> 我从口中吐出的，都出自我自己。[17]

17　原著译文出自 Papyrus Bremner-Rind 26, 21-27, 1 Bibliotheca Aegyptica 3, Brussels 1933:59-61 和其他出自神话的有关魔力的墓文。感谢埃及古物学家雅克·迪勒曼（Jacco Dieleman）提供的信息。

在很多传统中，迟早都会有一个男神开始创造人类，方式或是说出一个具有神力的词，或是用双手从泥土、灰尘或其他材料中创造生命。否则就是在没有女性介入的情况下，从他身体最深处呕出生命，这些生命从此开始在地球上居住。男性生育能力的缺失总会转化为一些成功的故事，故事中，神性的或男性的秩序总是能战胜和管控女性造成的混乱。

女性在婚前和婚姻中保持贞洁成为一种不言自明的要求，用来控制这种令人恐惧的、假想的混乱，而女性的“美德”又决定了家庭和孩子的地位。在一个没有 DNA 测试的世界里，孩子的母亲是谁无可争辩，父亲的姓名则是母亲的秘密。

神话和其他流传下来的典籍中遍布着男性这种被压制的恐惧和疑惑。从不确定迈向侵略的这一小步，体现在无数敦促男性向女性施暴的劝告中，“你们越打她们，她们越爱你们”成为广泛流传的建议（详见第 8 章）。

对女性天性和外表的污蔑造成的结果是，女性曾经并且如今依然和男性一样被恐惧和不确定折磨着。对外表难以抑制、心心念念的关注导致了一个恶性循环：女性不断与自己的身体斗争，以吸引男性的注意。出于自我保护的本能，女性也将自己弱化为物。除了把自己变得性感，并借此找到一个丈夫，几乎没有什么选择能大幅度提升自己。当这一目标实现后，除了生出最好是男性的后代，生命中也就几乎没剩下什么可以有所作为的事了。

数个世纪以来，对贬低女性的词语的滥用使女性对消极负面的评价特别敏感。毫不奇怪，今天的广告业敏锐地利用了女性需要赞许的目光这一古老需求，而这一需求仍在由缺乏安全感的母亲潜移默化地传递给女儿。

神话故事构建了一种人们渴望的社会秩序，也将人们限制在这些故事中。它们组成了一个紧凑的单一体，只要没有更吸引人的替代品，这个单一体就会一直存在下去。大多数神话确认了一种秩序：男人在这种秩序中掌控权力，尽管他们依旧要靠女性来获得后代。这种依赖不仅导致了男性对女性性权利的控制，也导致了男性在政治、文化和宗教等关系中寻求补偿的夸张需要。它还导致了男性显著的领地意识——将女性从那些与性别差异完全无关的位置上排除。不仅是神话和流行文化，哲学家和神学家也发出过类似警告：女性的身体会破坏既定秩序并导致灾难。

在那些甚至不允许女性诵读和公开评论权威文体，如宗教经典、神话、史诗，有时甚至包括格言的社会中，这种具有片面性的男性观点还得到了保护。这些规则进一步弱化了女性在传统形成过程中的作用。在某些文化和宗教中，女人仍旧不被允许诵读宗教方面的或享有很高声望的典籍，更不用说诠释它们，也依旧不被允许主持宗教仪式。

在 20 世纪的进程中，女性获得了她们的母亲曾经梦寐以求的很多自由。女性关于自身和异性的身体经验不再不为人知。好消息是，男女之间一度被严格设立的界限开始消失。两性之间的关系在改变，两者之间的过渡区域正变得越来越拥挤。

在某些地方，性别差异对社会的影响变得越来越小。无论在哪里，只要实现了这一点，人们都已无须再在性别战争中扮演强硬的赢家或愤怒的输家的角色。如今，两性之间平等相待的需求产生了双方互惠、自由开放的新关系形式。

20 世纪，艺术家们开始讽刺性地回应满载着陈旧价值观的传统，例如妮基 · 德 · 桑法勒（Niki de Saint Phalle）在斯德哥尔摩创作的作品《她——一座教堂》（Hon–en katedral，1966）。这是一座巨大的雕塑（高 6 米，宽 10 米，长 23.5 米）：一个平躺的女人，张开双腿，邀请访客前来，到内部观看她的身体。她巨大的阴道口通向一座充满吸引力的建筑内部。这座建筑内包含一个有 12 个座位的剧院、一个天文馆、一个水族馆、一个在她乳房里的牛奶吧，甚至还有一个图书馆。因此也毫不奇怪男人、女人和孩子们鱼贯而来，等待着排队进入了。

很难想象，在新近的集体性改变发生之前，数千年间，有半数的人类，一直由于自己"邪恶"的身体而受到限制，并且经常被指认为"一切邪恶的源头"。直到现在，很多基于性别差异的扭曲观点还被认为是正常的。

独属于女性的身体部位在这一遗产中扮演着决定性的角色。男性需要女性这些与其区别开的身体部位，这种需求一直非常强烈；他们对这些部位的评论也从来没少过，这些评论充满了复杂的情感，从绝对的权力到绝对的无权，从快乐到不安、怀疑和恐惧。本书要讨论的即对这些不可缺少的、被渴望的、被诽谤的和被嫉妒的女性身体的暧昧不清的感情。

FROM FEMALE TO MALE CREATORS

从女性造物者到男性造物者

基克拉迪（Cycladic）群岛的大理石女像，中间是位孕妇。
锡罗斯岛（Syros），雅典考古博物馆，公元前 2800 年—前 2300 年

MOTHERS OF ALL LIFE

1

一切生命的母亲们

致众神的母亲。
神明是你的荣耀，噢，众神的母亲，一切的孕育者。
套上搏杀公牛的狮子驾驶的飞速战车，
噢，强大的、让一切诞生的女神，加入我们的祈祷。
你被命名、被崇敬，你是天空的女王，
在宇宙中，你是身处中心的君主，因为
大地是你的，你给予凡人温柔的滋养，
男神和男人都由你孕育。[1]

在最早的祷文出现之前就已经有女人的图像了，这些图像出现在石头、骨骼和象牙上，有突出的乳房、腹部和阴部。它们有一两万年的历史，从欧洲到东亚，在很多地方被发现。2008 年，德国西南部中空的岩石中发掘出一个碎成六片的小象牙雕像，这个雕像有着惊人的巨大乳房和显著的外阴，由长毛猛犸象的牙刻成。这个被叫作“霍勒·费尔斯（Hohle Fels）的维纳斯”的雕像大约 6 厘米高，有 35000—40000 年的历史。在一系列被考古学家称为“维纳斯”的母亲形象中，它是最古老的；其次是“维伦多尔夫（Willendorf）的维纳斯”。

---

1 原文与作者引用的译文见 Apostolos N. Athanassakis 的 “To the Mother of the Gods,” *Orphic Hymns*：https://allaboutheaven.org/observations/orphic-hymn-to-the-mother-of-the-gods-007316/221。

霍勒·费尔斯的维纳斯，德国布劳博伊伦（Blaubeuren）博物馆，35000—40000 年前

维伦多尔夫的维纳斯，奥地利维也纳自然历史博物馆，约 30000 年前

“维纳斯”这个标签其实出现了年代上的错误，因为维纳斯作为爱的女神出现要晚得多。她只是罗马神话中的众多女神之一，在她之上还有一个具有无上统治权的父神。所以，“拥有保护力的母亲形象”或“繁殖力的象征”这样的概念更适用于此处所指的维纳斯：

> 回顾千万年之前的这些最早出现的图像，看起来人类第一个关于生命的形象是母亲。……分娩、哺乳、死者回归子宫再生等图像，在旧石器时期已经出现，并在距旧石器时期 10000 年的新石器时期、距新石器时期 5000 年的青铜器和铁器时期反复出现。其实在今天，它们仍出现在西方文化

中，尤其在有关贞女玛利亚的仪式中。这些女神形象贯穿人类历史，并不令人意外，它们表现了人类有关地球生命的相似想象：创造生命的泉源被设想为一位母亲，人类感觉自己和其他生物都是这位母亲的孩子。[2]

永不干瘪的乳房

无论在地球上的任何地方，母亲都一直拥有受人尊敬的崇高地位。一条英文谚语说："神无法出现在所有地方，这就是为什么他创造了母亲。"这种对母亲的赞美在各处被吟唱，以至于有些时候，她看起来曾经是并且现在依然是那个神圣的存在本身。人类渴望拥有巨大、非凡乳房的神圣母亲，尤其是那些没有这一身体部位的人。于是，俗世的母亲的乳房一直被珍视，其程度仅略逊于那些天上的女神的乳房。一则西班牙格言说得非常笃定："我的家是我母亲的乳房。"一首中国当代诗歌叹息道：

母亲，我的母亲
把我紧紧拥在你温暖的怀抱里
因为寒冷的黑夜即将来临[3]

2 Anne Baring and Jules Cashford, *The Myth of the Goddess*, 1993:9-10.

3 引自四川凉山籍诗人吉狄马加，来自笔者在西宁参加的一个学术会议。

前面引用的古希腊俄尔普斯赞美诗的箴言，在世界各地赞美大地母亲的祷文中都得到了证实。“大地，我们的母亲，喂养我们，给我们水和衣服”，这是一句俄语谚语。人类对母亲的渴望有时会使故事和图像中强大女神的乳房变得相当大。一些起源故事将第一根阴茎加长到极端的程度，以至于它的主人必须把它缠在腰上才能够正常行走。和这种情况相似，女神的乳房被增大到不太可能的程度并被赋予了特别的力量。

希腊女神赫拉（Hera）具有魔力的乳房，甚至在我们的星系中留下了痕迹。故事是这样的：赫拉的丈夫、至高无上的神宙斯（Zeus）非常喜爱他的儿子赫拉克勒斯（Hercules）。赫拉克勒斯由宙斯在凡间的情人所生，宙斯想让这个新出生的孩子获得永生，于是颇有心计地把孩子放在沉睡的妻子那具有魔力的乳房旁边。但是这个婴儿吸吮赫拉的乳头时太过用力，弄醒了她。赫拉发现这不是自己的孩子，马上生气地把他推开，那具有魔力的乳汁四处喷溅，残留的痕迹就成了空中明亮的银河（Milky Way）。这为后世的许多美术家提供了灵感，例如几百年后的鲁本斯（Rubens）。（彩插图 1）

一些关于伊斯兰教创立前阿拉伯女神乌札（al-Uzza）的故事告诉我们，她的乳房如此巨大，以至于无论什么时候，只要她愿意，就能漫不经心地把它们甩过肩，让它们吊在背后。[4] 干瘪的人类乳房被视为一种诅咒，但母神们会用她们丰盈的乳房赐福于虔诚的人类社会。

---

4 Aicha Rahmouni, *Storytelling in Chefchaouen Northern Morocco*, 2015:60.

> 代表乳房的母神就是阿尔玛·马特（Alma Mater）。她是古希腊、亚洲、美洲的谷物之母；在农业尚未为人所知的地方，则是与因纽特人（Inuit）的海豹有关的老妇人，是楚科奇人（Chukchi）口中的海象之母。[5]

在几千年前巴比伦人（Babylonian）的黏土板上，她的名字是“有着忠贞乳房的母亲”或“乳房永不干瘪的人”。这一备受赞扬的身体部位有时被描绘成风格固化的螺旋状或圆圈状，有时被着重强调或数量加倍，令人印象深刻，例如阿耳忒弥斯（Artemis）——又被称作“以弗所的狄安娜”（Diana of Ephesus）。这些故事讲述了乳汁或蜜、鲜血或酒如何从她的乳头中流出；或者甚至说鱼从她的乳头中落下，就像因纽特人的故事那样。[6]

---

5 Wolfgang Lederer, *Fear of Women*, 1968:122.

6 同上，14ff。

以弗所的阿耳忒弥斯，“伟大的母神”。
大理石和青铜，公元前 2 世纪

造物女神

西王母（彩插图 2）是中国最古老的女神之一，生活在昆仑山脉，那里是神仙的居所。据生活在公元前 4 世纪的著名道家学派代表人物庄子说，没有人知道她的起源，也没有人知道她的结局。她炫目的美丽常被后世诗人们称颂。据一些地方传说，她是《圣经》中拜访所罗门王（Solomon）的示巴女王（Sheba），与所罗门王生下一子，并把自己的王位传给了他。在昆仑山上，西王母拥有至高无上的力量，可以支配宇宙力量（cosmic power）。这要归因于她种的桃树，此树是天地间的枢纽，结出的果实可使人获得永生。男神仙们喜爱这种 3000 年一熟的桃子，常和她一起在天界的蟠桃会上享用。

如果一个凡人成功吃到一颗蟠桃，就可以长生不老。根据一些记载，西王母总是穿着七彩广袖的长裙。她帮助、保护和指点众生，并掌管着关系人类生死的各种灵丹妙药。人们知道西王母会赐她偏爱的人长生不老，千百年来，一直举办各种仪式祭拜她。这些是我几年前发现的：我在西宁附近的乡村参加了一个王母节，很多人聚集到一起，纪念他们热爱的王母。[7]（彩插图 3）

在彼此没有任何接触的情况下，各种文化都不约而同

---

7 https://www.suppressedhistories.net/goddess/xiwangmu.html.

地创造了关于强大女神或大地母亲的故事。（彩插图 4）她们在万物中展示自己：在大地上、水中和空气里。大地是她的身体，她平躺着，延伸到地平线，一切的存在都属于她。她孕育和滋养了一切生命，其间没有男神的任何介入或贡献。不仅花草树木和动物出自她的产道，幼小的人类也一样："小小的人从黑暗中爬出，好像蚱蜢。他们的身体赤裸而柔软。他们的眼睛闭着，尚未睁开。"［新墨西哥州阿科玛（Acoma）部落］[8]

那些最古老的故事证实，一切事物都来自这位（祖）母亲丰厚慷慨的身体：

> 我们的歌的母亲，我们的种子的母亲，在万物的开端孕育了我们，她是所有人种的母亲，所有民族的母亲。她是雷的母亲，河流的母亲，树木和一切事物的母亲。她是世界和兄长们——那些石人——的母亲。她是大地上果实的母亲和一切事物的母亲，她是我们的弟弟们、法国人和陌生人的母亲。她是我们拥有的唯一的母亲。［哥伦比亚卡加巴（Kagaba）］[9]

在生命的尽头，这个强大的母亲形象将所有的一切收

8 Weigle, *Creation and Procreation*, 1982: 46.

9 Konrad Preuss in Weigle, *Spiders & Spinsters. Women and Mythology*, 1982:45-46.

回她亲切宜居的子宫。然而，随着时间的流逝，她在逐渐经历变形。在后世被修改过的版本中，她僵化了，不再履行创造的任务；她的性别也改变了，或者是什么人夺走了她创造的能力：

> 我们再也不能以看一个人的方式那样看她，即使她有腿和手臂，一个头，一颗心，以及骨骼和血肉。她的肉体现在是土地，她的头发变成了草木；她的骨骼是岩石，她的呼吸是风。她躺在那里，舒展开来，我们生活在她身上。当她移动时，就有了地震。[10]

大地母亲孕育一切的故事也在发生显而易见的改变，比如当通常被称为老人（Old Man）的新人物突然出现时。在一些故事的版本中，他坐在大地母亲的身上，一言不发就开始改变她：从她的身体上扯下小块，将它们揉成小球。最后的那些小球“看起来和以前的都不一样。他把它们叫作男人，它们看起来像印第安人。他向它们吹气，它们便获得了生命”[11]。

在起源故事的过渡阶段，有些时候造物者是男是女并不清楚，但最终，生命的创造几乎在所有地方都脱离了以前独立

---

10 Boas, Franz, James Alexander Teit, Livingston Farrand, Marian K. Gould, Herbert Joseph Spinden. *Folk-Tales of Salishan and Sahaptin Tribes*, 1969:80.

11 同上。

创造、孕育和滋养生命的母神。[12] 在中国的故事中，起初是女神女娲用自己的手创造了最早的人类，没有任何男性的介入：

> 人们这样说：天地初创时，人类还不存在。女娲，原始的女神，在安静的世上漫步，寂静将孤独填满了她的身体。她在一眼泉边发现了黄土，取了一些，塑成一个像她自己的生物。当她把它放在泉边时，它开始笑。女娲很喜欢这种笑声，就又塑了一个，又一个，然后是更多。她用手细心地、优美地塑造出每一个形状……她把它们放在地上，它们欢笑、舞蹈、自得其乐，女娲把它们叫作儿子和女儿。（中国汉族）[13]

在后来的各种版本中，女娲失去了她富有创造力的独立性，成为伏羲的姐妹和（或）妻子。他们被一同呈现为上半身为人、下半身为紧紧缠绕在一起的蛇的形象。

在汉语中，“神”这一重要概念原义为“引出万物者”。在历史发展的进程中，“引出万物”这一古老含义彻底消失，在中国神话中——和世界上其他地方相比程度“毫不逊色”——母神最终成为一个从属的角色，男神的伴侣，或者

12　E.g. Baring and Cashford, 1991; Lerner, 1986; Graves and Patai, *Hebrew Myths*, 1964:26; David Leeming, *Myth. A Biography of Belief*, 2002:41, 79.

13　杨利慧、安德明合著《中国神话手册》，2005: 170-172; Yuan Ke 1993: 4; Mathieu 1989: 63。

女娲和伏羲，绢画。新疆维吾尔自治区博物馆，8 世纪中期

她自己变成一个男性形象。不过，她早期独立的痕迹还可以在古代的各种典籍中搜寻到。[14]

神婚的玻璃天花板

在故事中，繁殖——通过生育创造生命——被转化成制造：通过语言或某种姿势从一无所有中创造，或者通过创造性的手工劳动从材料中创造。在这个转化的过程中，进行创造的男性天神从早期的母神或大地女神手中接过了其繁殖能力。以前这一切全由她自己进行，现在她的能力减弱了，有时甚至被要求把自己缩小：

> 大地对于天空来说太大了，天空无法把大地纳入双臂。"虽然你是我的妻子，"他说，"但是你比我还要大。我怎么能容纳你呢？把你自己变小一点。"大地遵照了他的要求。由于她的收缩，山峰和溪谷形成了。大地变小了，于是天空可以带着爱靠近她。在他们交媾的过程中，所有的草、树，以及其他一切生命形成了。[印度赫鲁索人（Hrusso）][15]

14 参见叶舒宪的相关研究，2011; Bret Hinsch, 2004:77. Robert H. Lowie, *Primitive Religion*, 1925:275。

15 Elwin, 1958: 15-16.

大地母亲必须为代表天空的万能父神让路，这一观念广泛传播开来。在人类的世界，小的仰望大的，年轻的必须尊重年长的，弱小的必须向健壮的或强大的折腰。今天，当需要娶妻时，大多数男人仍固守此理，有意识或下意识地遵循传统谚语的告诫。这些谚语警告男人，在追求女性时要寻找一个在地位、年龄、教育等方面弱于他的女人，简而言之，一个不及他——她的（未来）丈夫——聪明的人。在中国，“女子无才便是德”以前是（现在依旧是）一句众所周知的俗语。

通过各种类似的比喻，这一告诫在非洲、亚洲和美洲各地回响。美洲人的警告是：“永远不要和一个脚比你大的女人结婚。”很明显，这一观念得到普遍认同，笔者的《千万别娶大脚女人》（*Never Marry a Woman with Big Feet*，2004）就建立在对来自世界各地的 1.5 万余条有关女性的谚语的分析上。这本书目前已经被翻译到世界各地，并且还将有更多的译本要出版。[16]

研究者倾向于认为是女人发明了早期农业。当时，女人的任务是搜集种子、果实和禽类的蛋，男人的任务则是狩猎。她们注意到种子和植物块茎的某些部分撒到地上会自己发芽、成熟，于是开始在自己居住的洞穴和棚屋周围

---

16 参见 http://www.womeninproverbsworldwide.com/the-book/editions/。1.5 万余条谚语的完整数据见 http://www.womeninproverbsworldwide.com/。

播撒种子和种植根茎类蔬菜。在播种和收获谷物之外，烤制面包、烧制仪式用或家用陶罐、织染布料和使用草药的技能，也被归功于女人，她们在彼此间互相口头传授这些技能。[17]

得益于农业，人类获得了对自身处境的新的洞察力。正如狩猎一直被看作一项神圣的活动，农耕也一直被宗教仪式围绕。心怀宗教式敬畏的人们注视着大地中隐藏的力量，这力量容纳和孕育一切生命——植物、动物和人类，如同一个有强大生命力的子宫。大多数农业活动肯定都曾围绕着或被归因于某位女神的特定力量，农业活动的完成则通常伴随着宗教式的敬畏和对祭祀之必要性的信仰。大地作为滋养生命的母亲，被认为充满了神奇的力量，并且融合了可见的与不可见的秩序。

神明、人类、动物和植物是同属于自然的不同部分，组成了一个有机的整体。人类为了保证丰收而举行祭祀，通常第一批谷物被竖直放置在田里，第一批果实被留在树上——这是一种归还的姿态。出于某种整体观，动物和人都可以被献祭，这样做的目的是使神圣的能量得以循环。

人类的性行为被越来越多地和使大地肥沃的神圣力量联系在一起。在新石器时代的神话中，收成被视为神婚的果实，雨被认为是天空和大地的性结合形式。大地是女性，来

17 Sierksma, 1962, 第 9 章。

自天空的雨滴是男性的种子。在某些文化中，人们在种植庄稼时会进行仪式性的性行为。人们坚信死亡和复活不可分割地紧密联系在一起，并由此推断：在永恒的循环中，如果不为祭祀流血，就会发生不可挽回的灾难。这一推断导致了戏剧性的后果——母神虽然仍被认为慷慨而富有爱心，却也开始被认为会向她的孩子索取供奉，并因此成为任性多变甚至冷酷无情的角色。

库伯勒（Cybele），一位被广泛崇拜的生育女神，就是一个很好的例子。她的女性祖先很可能是安纳托利亚（Anatolian）的一位地方母神，恰塔霍裕克（Çatalhöyük）早期人类定居点的一位祖先。在安纳托利亚（约公元前 7500—前 5700）的恰塔霍裕克的圣所，生育是一个重大主题，那里出土了很多丰满女性的雕像。考古学家在这里发现了巨大的石头浮雕，上面是有着巨大乳房、腹部和大腿的女性形象，令人印象深刻。她们的双臂搁在王位左右、像豹子或母狮之类的猫样动物上，两侧是动物残骸，如公牛角或野猪的骨骼——这是成功的狩猎活动的剩余物。可能就是这些石器时代的形象，后来发展成了安纳托利亚的生育女神库伯勒，希腊女神阿耳忒弥斯和德墨忒尔（Demeter）。

狩猎是男性主导的活动，但是猎神往往是女性，农神本来也是女性。阿耳忒弥斯是动物的主宰和生命之源。猎人们冒着生命危险以保证自己的妻子和孩子能够活下去。在他们的理解中，女人是生命之源，是保证族群延续的人，

安纳托利亚的女神与新生儿，两侧为母狮。
恰塔霍裕克出土，藏于安卡拉博物馆，公元前 6000 年—前 5500 年

而男人是可以被替换的。[18]安纳托利亚的伟大女神库伯勒，常常被描绘为膝上有一只狮子或者乘坐狮子和豹子拉着的战车的女神形象。这让我们想起在恰塔霍裕克发现的、远早于此的新石器时代的石头浮雕，女神两腿之间还有一个新生儿。

千百年来，有一些故事坚称库伯勒的爱人阿提斯（Attis）同时也是她的儿子。还有一些故事说库伯勒使他因嫉妒而发疯，另有一些版本的故事则说他自杀的原因是她不再回报他的爱。无论如何，不管是作为牧羊人还是生育之神，阿提斯的结局都是自宫并因此流血而死。传说，从他的血里长出了最早的紫罗兰花。因为他悲惨的死，某些地方还会举行一种宗教仪式来纪念他。在仪式中，库伯勒令他起死回生。对库伯勒的狂热崇拜从安纳托利亚传播到希腊、罗马及其他地方。

由于阿提斯的传说，所有侍奉库伯勒的祭司都是阉人。在罗马，他们被称为“加利”（Galli），穿着女人的服装，“多数是黄色的，戴一种缠头巾，佩戴着挂饰和耳饰，留着漂成浅色的长发，化很浓的妆”[19]。春天，他们举办狂欢，庆祝“鲜血之日”，以此纪念阿提斯。

从公元前6世纪到公元5世纪末，即西罗马帝国末期，

---

18 Karen Armstrong, *A Short History of Myth*. Edinburg/New York/Melbourne: Canongate 2005, hoofdstuk 2.

19 https://en.wikipedia.org/wiki/Galli.

对此类有一个儿子 / 爱人的女神的狂热崇拜在当地的很多信徒中非常普遍。和其他伟大的女神一样，库伯勒掌管生育和死亡，同样保护难以驾驭的自然和动物。对于作家卢克莱修（Lucretius，约公元前 99—约公元前 55）来说，“伟大的母神”（Magna Mater，即库伯勒）则标志着“世界的秩序”。她的形象象征着大地。她是一切的母亲，为她拉战车的、套着轭的狮子象征有责任服从父母的后代。她自己不是被创造出来的，因此她得以从根本上和她的创造物区分开，并完全独立于他们。[20]

渐渐地，神话开始被暴力渗透：信徒们认为女神虽然会为他们提供食物，但如果不向女神献祭，就不会有收成。用凯伦·阿姆斯特朗（Karen Armstrong）的话说，这些女神的配偶“在他们和谷物活下去前，就被撕开，被残忍地改变形状，被杀死”[21]。

不知不觉地，强大的、富有爱心的女神变得自私自利、苛求无度，需要无休止地杀死男人和动物作为祭品。这种形象符合女人是生命之源、男人只是用完即弃的物品这一观念。由于惶恐地相信女神会杀死不遵照命令提供祭品的追随者，苛求无度、难以相处、有仇必报等词语变得比充满母爱

---

20 https://en.wikipedia.org/wiki/Galli. 亦见 https://en.wikipedia.org/wiki/Cybele#Roman_Cybele。希腊历史学家斯特拉波（Strabo，公元前64年左右—公元23年左右）写到过库伯勒崇拜中有关性暗示的部分。

21 Armstrong, *A Short History of Myth*, 2005:47ev; Baring and Cashford, 82ev.

更加适用于这位女神。这无疑激发了（后面我们将讲到的）男人窃取女人的秘密这类故事。

女人发明农业后，开始在家的周围种植粮食。由于女人越来越有能力满足日常生活中对食物的普遍需求，她们的威望也在提升，尤其是当打猎的男人空着手回家的时候——这一局面无疑会导致各种紧张关系。在一些地方，女性开始拥有主导社会活动的能力和地位，男人则发展出一个秘密社会，希望借此提高自己的地位，以便与女人相抗衡。在三大洲的赤道附近地区，这种紧张状态带来了不和谐，并激发了男人通过窃取女人的秘密来夺取权力的神话故事灵感。（更多内容见第 9 章）

简而言之，母神原本被塑造为无须男性介入，可以自主诞育生命的形象，但这一形象随着时间的流逝，逐渐发展为一种性合作的形式：在大地能够孕育任何事物之前，天空必须先撒下他富有生命力的种子。最后，能够独自孕育的大地母亲从画面中逐渐消失，创造生命完全变成她的配偶神的职责，或者被没有女性配偶的、可以独立创造的男性天神接手。

在早期的图案和神话中可以看到，女神拥有至高无上的权力。从女蛇神到女海神、女月神、处女神和用黏土制造人类的女神，这些图案和神话通过多种形式崇拜女性的繁殖力（fertility）。解开生命奥秘的那把最初的钥匙是女性特质，它早于男性造物者通过自渎独立创造生命或者借由其他（先于）创造的行为创造生命。

起初，大地母亲具有上升为至高无上女神的一切潜力，但是她与男性天神的婚姻成了玻璃天花板，阻碍了她的“事业”。随着社会发展，这块天花板变得越来越难以穿透。

后来，男性发明了犁，并且成功驯化了牛和其他动物来帮助人类耕地，这使得男性和女性的社会贡献趋于平衡：从经济上说，男性发明的耕作农业优于过去女性发明的传统农业，因为耕作农业的收成更为可观。于是，更多的人寿命延长，更多的孩子出生，小村庄发展成为大村庄。[22]

大约在公元前 4 万年，人们开始建造城市，加固的城墙使人们感觉更加安全。男性不断增长的自信心激发了新的神话灵感，在新的神话中，原本属于女神的创造性角色，被转交给了男神和最初的男性祖先：这些故事成为新的黏合剂，将社会以新的方式团结在一起。生命的创造在每个社会中都依旧是重要的主题，但故事的主旨变了，对创造生命的描绘也随之发生了显著改变。

在很多关于人类如何被创造的神话中，是一位男神先创造了最早的男人，然后才创造出最早的女人，且女人经常是由较低劣的材料创造的。这里有三个例子：

> 希耐格巴（Hinegba）取了一些泥土，用泥土造出了

22 Sierksma 1962:152.

男人。然后他又取了一些泥土，造出了女人。男人的体格比女人强壮，因为他们是先创造出来的；在创造他们之前，大地的力量还未因被用来造人而消耗。[尼日利亚阔托（Kwotto）][23]

天神决定用禽类的血肉和骨骼创造最早的十个男人，然后再创造十个女人。他刚开始创造女人，材料就已经用完了，因此必须改用黏土。结果创造出的女人没有力量，太过柔弱，无法从事体力劳动。天神于是在她们的身体中注入力量。然而，女人变得太过强壮，以至于男人不是她们的对手。鉴于这种情况太不合适，天神又将她们的力量收回了一半。（中国鄂伦春族）[24]

上帝知道亚当（Adam）很孤独，于是用尘土制造了第一个女人。她的名字叫莉莉斯（Lilith）。然而，上帝用的不纯是尘土，还混入了秽物和沉渣。（犹太《次经》）[25]

---

23 Kwotto: J.R. Wilson. "Ethnological Notes on the Kwottos of Toto (Panda) District, Keffi Division, Benue Province, Northern Nigeria." *Journal of the African Society* XXXVII (1927-1928), 145.

24 感谢叶舒宪慷慨地与我分享他尚未出版的有关神话的集子。讲述者：Meng Xingquan；记录：Meng Shuzhen。

25 Louis Ginzburg, *The Legends of the Jews*.Trans Henrietta Szold .7 vols.Philadelphia: 1967-1969. Vol.I:65.

在很多例子中，都是一个至高无上的男神首先创造出一个完整的男人，再用这第一个男人的某个重要的身体部分造出一个女人，例如一个脚趾、一根肋骨或一根拇指。或者，他授权这个男人，用身体上的其他部分，给自己造一个妻子。很多这样的小细节都包含着关于性别等级的信息，以至于我们很难认为它们是偶然出现的。[26]

我们当然可以辩称：较晚被创造出来并不一定意味着较差——相反，由于前面曾经尝试过，再次进行创造可能带来比第一次创造更加完美的成果。但是，第二个出现总是被认为“不那么有价值”。创造和起源故事中的这一点和其他因素表现了男性对女性生育能力的反应——很明显，他们认为这是两性间的不平衡。

夏娃如何失去了生命创造者的地位

犹太教、基督教和伊斯兰教中关于人类祖先——第一对夫妻的故事，是最为人熟知的起源故事之一。这个亚当与夏娃的故事有各种可读和可视的版本，它们在全球各地流传——从斯堪的纳维亚到南非，从墨西哥到东南亚。在《圣

26　更多细节见 *In het begin was er niemand*, (‘In the Beginning There Was No One’), 第6章。

经》中，最初的人类是照着上帝的形象创造的，男性和女性都与上帝相似。原本人类只是“泥塑的生物”，是一个陶器，来自哈阿达玛（ha-adamah）——大地，只因这陶器被分成两部分，才导致了不同性别的人类的出现。一些学者辩称，夏娃（Eve，希伯来语 Havah）和上帝的名字雅伟（Yahweh）相近：“生育的潜能证明这种相似的合理性……夏娃并非从第一个男人那里出生，而是从第一个生命中分裂出来的，这个最初的生命是双性的，正如故事的第一部分所说，他按照自己的形象和喜好创造了人类——男人和女人。”[27] 此外，她也被描述为“一切生命的母亲”，这是一个让人印象深刻的名称。

《圣经》第一章中，上帝模拟自己的形象创造了最初的人类，男性和女性是平等的伴侣。在这个故事的下一部分（《创世记》二），上帝用亚当的一根肋骨造出了夏娃，对此，最流行的翻译和阐释认为夏娃最终成为一个对男人亚当“有帮助的合适的部分”。这一点迫切然而错误地“证明”了夏娃的低劣性。这一低劣性自动落到之后的所有女人头上，为犹太教、基督教和伊斯兰教的性别等级实践提供辩护。

此外，一些研究者曾说对“肋骨”一词的翻译在这一语境中是错误的。用来制造夏娃的骨头不是肋骨，而是阴茎骨（baculum）。一部分动物（如狮子、黑猩猩和大猩猩）的

27 Mieke Bal 个人意见。

雌雄同体的亚当和夏娃：共用两条腿，各有一条手臂。
安齐勒杜克（Anzy-le-Duc）教堂柱头，勃艮第，11 世纪

阴茎里还有这个部分。为了制造夏娃，亚当必须献祭这根骨头，所以男人只能（一直）在没有这根小小支柱的帮助下行动。[28]

上帝创造了男人和女人这件事，被一些犹太教学者（rabbi）解释为创造了两种不同的生命。还有人认为亚当本来是由一个男性的身体和一个女性的身体组成的一个整体。但这个本来长在一起的生命体活动起来不太灵便，而且二者背对背的形态也不太方便交流，于是上帝把他们锯开，并给

28 Ziony Zevit, http://www.biblicalarchaeology.org/daily/biblical-topics/bible-interpretation/the-adam-and-evestory-eve-came-from-where/.

了他们独属于自己的后背。把他们分开后，上帝把他们安置在了伊甸园。[29]

在 9 世纪的欧洲，关于夏娃的中世纪艺术品数量大增。在其中一些艺术品里，最初的人类是按照“上帝自己的形象”被分别创造出来的；在另一些艺术品中，他们则被想象为雌雄同体的生命，又或者，上帝从亚当的身体里取出一根肋骨并用它造出了夏娃。[30]（彩插图 5）

到了 11 世纪中期，一个至关重要的逆转出现在艺术作品中，将这一连串的场景推向高潮：创造夏娃的过程被呈现为亚当的“生育”行为。在欧洲的一些艺术作品中，夏娃蜷着身体，从沉睡的亚当身体的右侧跳出，并虔诚地高举双手。上帝被描绘为一个有胡子的男性，作为一个娴熟的助产士，他用左手把夏娃从亚当的身体里拉出来，他的右手则做出一个赐福的手势。（彩插图 6）

在信奉基督教的欧洲，从 12 世纪到 16 世纪，亚当“生育”的形象成为一个非常流行的视觉主题，现在仍可以在各种类型的教堂和博物馆中看到。夏娃从亚当的身体里出生——这种艺术再现将男人和女人的天然角色对调了。夏娃在《圣经》（《创世记》3：20）中令人印象深刻的称谓——“一切生命的母亲”随之降级。如果——根据人类普遍的知

29 Ginzberg 66; Genesis Rabba，Graves and Patai 66; Kvam, Schearing and Ziegler 77-78; Elaine Pagels 1976: 298.

30 Englard 24.

识和经验——能生孩子的人高于不能生孩子的人，也高于被生育的人的领袖，教堂就会面临麻烦。通过强调亚当生出了夏娃，问题马上得到解决。夏娃从亚当身侧或腹股沟出现，身侧和腹股沟隐喻男性的生殖器。这些图像向大量无知的信徒清楚地表明，男人必须主导他的妻子：他先出现，然后她出自他，因此按照逻辑来说，她必须是他的附属品，而非相反。这种逻辑传达出这样的等级观念：女人服侍丈夫、孩子孝顺父母、仆人侍奉君王和主人都是“符合自然秩序”的。男人的家庭领袖地位和凌驾于妻儿之上的权力，也由这一逻辑赋予正当性。这一逻辑至今依然在很多语境中受到重视。

男女角色的颠倒通过这一逻辑被反复确认，例如意大利的保罗·德·切塔尔多（Paolo de Certaldo，1320—1370）曾说：“好儿子爱他的父亲，尊重并服从他，因为父亲给了他生命，即使母亲提供了实际上的协助。”[31] 此后，男人和女人是“依照上帝的形象”创造的平等伴侣这一观念渐渐退居幕后。

伊斯兰教传统中“弯曲的肋骨”

基督教中对夏娃从亚当身体里出生这一故事的再现，

---

31 Paolo da Certaldo, *Livre des bons usages*, 引自 Zapperi 31。

建立在对等级婚姻关系怀抱希望的基础上。这违背了《圣经》创世故事的原意，也违背了《古兰经》(4：1）中的相关解释——《古兰经》的解释中没提到肋骨。然而，各种有关肋骨的故事仍在伊斯兰教传统中自由地流传，就像在基督教传统中一样。

在现今的伊斯兰教故事中，女人的角色依然被与肋骨联系起来，因为女性的祖先夏娃被认为是由肋骨造出来的。因此，男人们必须学习接受女性的“扭曲”：女人总有一些歪理和不合理的举动，只因她们来自弯曲的肋骨。简而言之，女人们对此无能为力，男人们则必须试着利用这一点。正如受人尊重的伊斯兰学者布哈里（Bukhari，810—870）一条经常被引用的评论：

> 女人就像肋骨……如果你想掰直她，她就会折断；但如果你想从她那里获益，你可以做到，尽管她是扭曲的。[32]

这一文本来自伊斯兰的《圣训》(Hadith，即穆罕默德言行录——译者注)，是对最受尊敬的《古兰经》的注解。根据这些经文所呈现的，男人在创造、智力和宗教等方面优于女人，因此男人更适合法官的角色，也更适合主持宗教仪

32 Sahih Bukhari, Arabic-English translation（阿拉伯语－英语译本）, vol. VII, Hadith 113: http://www.shariahprogram.ca/status-rightswomen/woman-crooked-rib.shtml.

式。他们的证言与女人的相比价值翻倍，这也是为什么他们被赋予更大的责任和相应更大的特权。

各种古老的伊斯兰典籍都坚持认为男性的地位远高于女性，所以二者不可能平等。1985 年，穆斯林作家艾哈迈德·扎基·塔夫哈（Ahmad Zaky Tuffaha）认真而虔诚地引用过这样一段话：

> 一个女人即使奉献出自己的两只乳房——将一只烹煮，将另一只烤制，她也依旧未能尽到对丈夫的义务。此外，如果她有那么一眨眼的工夫违背了她的丈夫，她就该被打入地狱最底层，除非她忏悔、回头。[33]

《圣训》中有关男女关系的经文明确反映，强调男人的优越性是一种极其迫切的需要。伊斯兰的教义手册《千问集》（*Book of Thousand Questions*）以问答为形式、以创世故事中的各元素为基础，确认了男性具有优越性这一逻辑：

> 问：是亚当来自夏娃还是夏娃来自亚当？
>
> 答：夏娃来自亚当。如果亚当来自夏娃，那么男人就当然应该服从女人。所以夏娃来自亚当。

---

33 'Men's Superiority and Women's Deficiency' in: http://www.answering-islam.org/authors/newton.html.

问：夏娃来自亚当的身体还是亚当身体以外的什么东西？

答：夏娃来自亚当的身体。如果夏娃来自亚当身体以外的什么东西，这个世界上的女人就可以赤身裸体到处走动，而不必在男人面前感到羞耻。

问：夏娃来自亚当身体的左侧还是右侧？

答：夏娃来自亚当身体的左侧。如果夏娃来自亚当身体的右侧，女人就会继承（三分之）一个部分。——根据《古兰经》中最高的真主所说。[34]

“一切生命的母亲”被给予了很多评价，这些评价传达出糟糕的信息：她毁掉了天堂的和谐，给人类生命加上了限度。关于亚当和夏娃的故事、图像曾经在信徒和非信徒的思想中刻下很深的印记，甚至至今依然如此。在世界三大一神论宗教中，很多神学家热衷于利用夏娃的原罪将负面特质投射到女性身上。

在美索不达米亚、埃及和希腊的古老神话中，生与死依旧由伟大的母亲主管。在《圣经》故事中象征生命的图案——乐园、四条河流、生命之树、蛇和世界的父母（亚当和夏娃）——为恐惧和罪行让路。（更多关于夏娃故事的

34 引自 Steenbrink, *Adam revivus*, 1998:55；《古兰经》4:1。

诠释细节见 Baring 和 Cashford 的著作，第 13 章。）在很多阐释中，死亡主要被归咎于夏娃，因为在她违背上帝的旨意之前，死亡是不存在的。最具影响力的基督教神父之一奥古斯丁（Augustine，4 世纪）宣称："即使在她犯下原罪之前，女人被制造出来就是要被丈夫统治，要听命并臣服于他的。"[35]

在《圣经》的创世故事中，生命创造者的角色归天父所有，然而渐渐地，那些广泛流传的视觉图像清晰地指出：第一个女性生命夏娃来自第一个男性的身体，并需要为人类的道德负责。[36]

在起源故事这座建筑里，缓慢而确定无疑地，大地母亲的房间被拆解，被重建为一个新的空间。在这个新的空间里，男神逐渐接手了她创造生命的工作。窃夺女性在创造后代的过程中所承担的工作，这一需求必定一度相当急迫。或者如埃里希·弗罗姆（Erich Fromm）在《被遗忘的语言》（*The Forgotten Language*）中所说的、贯穿了 20 世纪后半期的一段话：

> 我们有足够的理由假设，在父权统治尚未建立前，许多男性心中都有一种"怀孕嫉妒"，这一点即使在今日也可找出许多实例。为了打败母亲，男性必须证明他并不低

35 Augustine, *The Literal Meaning of Genesis*, Book XI:37.

36 Baring and Cashford 494.

> 下无能，他也有生产的天赋。由于他无法凭借子宫生产，他就必须以另一方法生产；他以嘴巴、语言、思想来生产、创造。[37]

在起源故事中，这一“其他方式”看起来并没有充分弥补男性的这种不足。

神秘的事物环绕在我们周围，我们总试图削弱其不可思议的神性，以迎合人类的局限性。透过人类的欲望这一滤镜，在与神明有关的图案和故事中，神明具有了怪异的人类特征：神明被认为想要拥有和实现一切。

37 Fromm, 1956:233. 第 11 章中有更多“对怀孕的嫉妒”的例子。（译文出自埃里希·弗罗姆《被遗忘的语言》，郭乙瑶、宋晓萍译，国际文化出版社，2007 年 3 月，170 页。——译者注）

MALE CREATORS

2

男性造物者

> 世界的初始只有黑暗，除了水，大地上什么都没有。经历过这样的混沌，班巴（Bumba），也就是神（Chembe），开始独自统治世界。班巴有人的形状，但体型极为庞大……一天，他感到剧烈的腹痛，很快便开始呕吐。[1]

关于大地母亲的故事从未提及她渴望自己的身体上有独属于男性的部分，即使她可以很轻易地提出这样的要求。后来的农业女神受到大量来自外界的供奉：年轻男人被献祭给她们，在她们的神龛上，随时可以使用。[2]

用子宫或不用子宫创造生命

除了一些母系神话，高调的生命创造者通常会被描绘为一位男神。男神不仅被呈现为一切生命的创造者，而且经常被赋予乳房或子宫状的、解剖学意义上的附加物。当他们从“虚无”中创造时，一个词、一个梦、一次呼吸、一个影子或一个手势就足够了。当他们从物质中创造时，他们取得了不逊于母神的壮观成果。

1 Torday and Joyce, *Notes ethnographiques*, 1910: 20-21.

2 Lederer 216.

班巴，刚果库巴人的神，从他的嘴巴中吐出了完整的宇宙（creation）：

> 他首先吐出了太阳，然后是月亮，最后是星星：这就是为什么会有光……班巴又开始吐，这一次是按照这样的顺序：豹、带羽冠的鹰、鳄鱼、一条小鱼、龟、雷电、白鹭、甲虫和山羊。然后他吐出了很多人类。

班巴在没有妻子的情况下创造了世界和人类，就和早期神话中一个女性造物者在没有丈夫的情况下完成这一切一样轻而易举。除了雷电很快开始制造混乱，库巴之神创造生命的工作堪称完美。

印度教神话中可以找到类似的例子，其中雌雄同体的神明也非例外。（彩插图 7、图 8）湿婆（Shiva）和他的伴侣帕尔瓦蒂（Parvati）常被再现为一个人：一半男性一半女性——男性的湿婆一般在右半边。[3]

众生之主（Prajapati）意为“繁衍后代之神”，因此人们将他与梵天（Brahmâ）联系在一起。他创造了生命，有时被视为“母亲般的男性”，或被称为“生育之神”——“他的构造、他的行为、他的感情都与人类的生育过程类似。甚至他创造生命后的无精打采……也符合这一模式。”他从内

3　https://commons.wikimedia.org/wiki/File:Khajuraho_Ardharnareshvar.jpg.

莫茨希尔·瓦·梭迪（Motshile wa Nthodi），班巴，刚果库巴人的神。他正从自己的嘴巴里向外吐人。木刻，1979 年

雌雄同体的湿婆，左半边为女性，右半边为男性。
印度中央邦（Madhya Pra-desh）克久拉霍（Khajuraho）寺庙群，10世纪

部创造世界的过程，从他在生产仪式中的祝颂开始："请让我可以仅靠自己就能繁衍。"然后，作为造物者，他赋予自己一个子宫一样的器官，从此开始孕育出生命——"子孙后裔和动物"。[4]

因为没有子宫，男神们开始寻求各种解决办法，甚至关于同一个男神的故事也会寄望于不同的生育方法。有时众生之主被再现为一个双性的神，形状是一男一女以亲密拥抱的方式交缠在一起。

> 众生之主从左边的大拇指……和其他器官中创造出自己的后代，没有靠女性。但他对造出的生命并不满意，

4 Doris Meth Srinivasan, *Many Heads, Arms and Eyes*, 1997:60-61.

于是他将这个生命的身体分成两半，把其中一半造成女人。……他们继而结婚并一起创造后代。[5]

这就引出了一个问题：一个源于你身体的人是否就是你的孩子。如果答案是“是”，那么与这个人发生性关系就属于乱伦—— 一种普世的禁忌。从神话的角度来看，这一问题被无法避免的不可抗力彻底解决了：很简单，在一切初始的时候，那里没有别人，所以只能由第一位男性和第一位女性发生关系，即便他们可能是父女、母子或兄妹，因为他们的首要任务是繁衍，为这个空旷的世界提供第一批子孙。

亚当和夏娃是怎样的呢？在基督教中，关于夏娃奇迹般的创造有时以谜语的方式呈现：

我未曾出生。
当我出生一天后，
我嫁给了父亲，
我没有母亲。[6]

多亏了中世纪的神父、教授和哲学家托马斯·阿奎那（Thomas Aquinas），亚当和夏娃间乱伦关系的问题以确定无

5 Doniger O'Flaherty, *Women, Androgynes and Other Mythical Beasts*. Chicago: Chicago University Press, 1980:312.

6 德国谜语。

疑的方式解决了：不，夏娃不是亚当的女儿，因为只有在“自然”生育的情况下才需要提出乱伦的问题，而夏娃的出生绝对是非“自然”的。[7]

男神有乳房吗？

我们前面看到的发现于欧洲的、有着显著乳房和巨大腹部的最古老的女神图像，其历史距今在 3 万—4 万年之间，和后来约公元前五六千年在美索不达米亚和叙利亚出现的图像十分相似。在这些地区，信徒同样乞求母神将她神秘的生育能力分享给他们。并且同样，在从远古流传下来的故事里，一切生命都源自她生育力强大的、母亲般的身体。

在中东地区，多数依旧流传着的神话起源于那样一个时代，在那个时代，母神专有的权力已经被转移到她的男性配偶或好斗的敌手身上。转移方式有时远不和平。在神话中，原始的女性祖先有时被怀恨在心的后代屠戮，就像著名的巴比伦创世史诗《埃努玛·埃利什》（*Enuma Elish*，约创作于公元前 2000 年—公元前 1000 年间）中那样。在这个故事中，女族长提阿玛特（Tiamat）在与她野心勃勃的后代马尔杜克（Marduk）的决定性一战中，被悲惨地杀死。然后，

7 Zapperi, *L'homme enceint*, 983: 25ff.

生育的形象，陶器。美索不达米亚/叙利亚北部。
巴黎卢浮宫，公元前6000年—公元前5100年

马尔杜克宣告了他的权力：

（马尔杜克）把双脚踩在提阿玛特的身上

用他无情的棍棒打碎了她的头骨……

他无情地将她巨大无比的躯体劈成两半，“就像一条鱼干”，然后得意洋洋地站在她的残骸上。[8] 在神圣的天地间，他的暴力清算宣告着：她自此将再无权力。

巴比伦神话传统中这一宇宙间的冲突曾被《圣经》的唯一造物主神话取代，但在《圣经》的诗歌中，过去故事中

8 W.G. Lambert，in：*Imagining Creation*. Geller and Schipper, editors 2008:20.

的角色重新出现。在这些关于海怪、龙和风暴之神的诗歌中，他们曾经与或正在与希伯来人的上帝对抗。《圣经》中的怪物和远古的河流与母亲提阿玛特有关，她是巴比伦人的母神，在不幸被杀前生育了很多神。

被上帝创造的扫过“水面”的风[9]所控制的原始海洋在《希伯来圣经》中叫作 tehom，这个词和提阿玛特有关。[10]在巴比伦神话和《希伯来圣经》中，战胜母神的戏剧性情节并不罕见。类似的故事也存在于另一些社会中。在这些社会里，社会关系的改变反映在新的故事中，其中的主角由至高无上的神或天神担任。[11]

有关希伯来宗教的发展，研究者们持不同的观点，关键的不同在于对其起源的认识。与马尔杜克不同，父神没有祖先。从宇宙初始之时他便存在，他说的都是真的，他创造的一切都是好的。在犹太人的传统中没有一个指称上帝的专有名词，他的名字是不可说的，他被虔诚地称为“伊勒希姆”（Elohim）、“伊勒”（El，“上帝”）或者“雅威”（Jahweh），通常表述为“他是唯一”，或用“永恒的、全能的、无处不在的、全知的、非物质状态的（因此不可见的）、

---

9 《创世记》第一章中有“神的灵行在水面上”这一说法。

10 E.g., Genesis 1:2; 7:11; 8:2; http://www.oxfordbiblicalstudies.com/article/opr/t94/e1913.

11 Anne Baring and Jules Cashford, *The Myth of the Goddess. Evolution of an Image*, 1993:420ev.

女神阿舍拉，陶器。特拉维夫（Tel Aviv），公元前8世纪—公元前6世纪

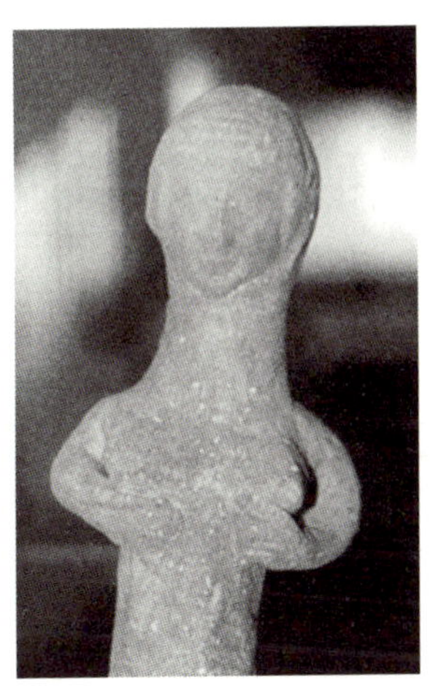

不可知的和不可理解的”来指代他。从传统犹太教严格一神论的角度讲，作为纯粹的精神，他没有身体，也不具备性别特征。然而，鉴于希伯来语中的名词或为阳性、或为阴性，“通过语言进行的所有有关上帝的陈述都在传达着一个观念——他是男性”。——拉斐尔·帕太（Raphael Patai）在《希伯来女神》（*The Hebrew Goddess*）这部引人入胜的著作中注意到了这一点。[12] 尽管《圣经》和《塔木德》（*Talmud*）法典中的信息十分严格，但日常生活提供了另一种不同的观点。在生活中，阿舍拉（Ashera）、阿斯塔特（Astarte）、阿娜特（Anath）和其他女神继续被热烈崇拜。根据帕太对该

12 Raphael Patai, *The Hebrew Goddess* 1968:18ff.

地区其他多种文化语境中古代犹太传统的了解，多神教在古代以色列人中流行到公元前 2 世纪。他发现，“在普通人看来，因为心理因素而决定信仰和崇拜女神”并不令人感到怪异或惊奇。[13]

和更早的母亲塑像一样，公元前 8 世纪—公元前 7 世纪的阿舍拉形象总是用双手支撑或托起神圣的乳房。这一属于迦南人（Canaanite）神殿的母神被称为“神明们的母亲”或“神明们的乳母”，但她也哺育了幸运的人类贵族。[14] 考古学家发现，阿舍拉——她的名字在《圣经》中出现了超过 40 次，且总是在否定性的语境中——曾被视为以色列上帝的妻子而受到崇拜。人类倾向于同时向多个神明乞求保佑。公元前 8 世纪出土的铭文常常向“雅威和他的阿舍拉”祝祷。例如在西奈（Sinaï）北部近昆提勒·阿及鲁德（Kuntillet Ajrud）出土的一片旧陶器碎片上，埃及神明贝斯（Bes）是中心人物，他旁边是另一位男神[可能是战神阿哈（Aha）]。一位无名的犹太商人在这个碎片上刻着：“……愿你蒙受保护我们的主和他的阿舍拉之福。”[15]

一神论者将《圣经》付诸文字，修改已有的故事，使它们朝新的方向发展，赋予它们新的含义。因此希伯来的

---

13 https://thequeenofheaven.wordpress.com/2011/08/17/does-god-have-breasts/.

14 Patai 330.

15 Ze'ev Meshel. Kuntillet 'Ajrud. An Israelite Religious Center in Northern Sinai. *Expedition* 20 (summer 1978), 50-55.

《圣经》有足够的勇气去做以前的父权社会尚不敢去做的事情：激进地抹去女性崇拜留下的所有痕迹。《圣经》是第一部没有女性神，也没有神的女性配偶或恋人的典籍。与同时代的中东神明形成对比，以色列的神明"雅威"被呈现为一个不与任何女神分享权力的上帝，他不再被来自女性的任何形式的竞争所阻碍。[16]

男性化的称呼往往是上帝的一个特征，如"战争中的男人""英雄""国王""万军之王""宇宙的支配者""在天上的圣父"。在犹太教、基督教和伊斯兰教中，女性符号的缺席和其他宗教传统形成了鲜明的对比。但犹太教、基督教和伊斯兰教的神学家匆忙解释说：上帝是绝对不会显示出性别的。但很明显，并非所有信徒都这样认为。[17]

《希伯来圣经》强烈警告人们不要进行偶像崇拜和图像崇拜，伊斯兰传统承袭了犹太教对可视图像的禁止。相反，基督教经常视觉化地再现上帝：大多数情况下，上帝是一位留着络腮胡子、令人印象深刻的男性形象。并且，这三种宗教都用"他"来称呼上帝，一个被赋予人类男性形象的

---

16 Robert Graves and Raphael Patai. *Hebrew Myths. The Book of Genesis*. New York: Anchor Books/Doubleday, 1964:26-28; https://www.encyclopedia.com/environment/encyclopedias-almanacs-transcripts-andmaps/israelite-religion; http://www.bbc.co.uk/programmes/b00zw3fl: Bible's Buried Secrets, 2: Did God Have a Wife? https://matricien.org/matriarcat-religion/judaisme/asherah/.

17 Elaine Pagels, "What Became of God the Mother? Conflicting Images of God in Early Christianity." *Signs* (2) 1976:293-303.

角色。在犹太教和基督教中，上帝也被呼为“父亲”——一位会对自己的孩子发怒的父亲：

> 《圣经》中上帝的概念……反映了产生这一概念的那个社会中严格的父权秩序；这一父权社会生成了以唯一的、普世的神明为中心的宗教，这位神明的意志具象为律法（Law），但他本身是抽象的。他没有任何身体上的性别特征，但显然是位男性，是父权制家长的投影。[18]

随着犹太传统发展成为一个只有唯一精神而无肉体的最高神的宗教，信徒们都因为这一无情的要求而非常纠结。他们当中很多人依旧渴望这位神具有一种女性因素，并发现当地的女神中就有这一因素。这可以从许多《圣经》文本中推断出来。在这些文本中，希伯来先知妖魔化了对女神的崇拜，并不断要求信徒崇拜唯一的神——那位被用大写的“他”来称呼的神。

然而，很多希伯来当地的信徒仍在与一神教的严格规则斗争，并继续崇拜女神。“《创世记》中对乳房和子宫的崇拜和古代以色列人的邻居迦南人对生殖力的狂热崇拜之间”有着明显的相似之处。迦南人珍视阿舍拉、阿娜特这种

---

18 Patai a.w. 23-24.

有着突出乳房的女神。[19]

“伊勒”是希伯来上帝的名字之一。在《圣经》中他与族长亚伯拉罕（Abraham）立约的故事中，伊勒指伊勒·沙代（El Shaddai），被译为“万能的上帝”；但在希伯来语中，shad 这个词意为“乳房”，伊勒·沙代字面上的意思则是“有乳房的上帝”：

> 早期犹太教中发现的神圣乳房直接与上帝有关。上帝之名伊勒·沙代总是和对生殖力的崇拜联系在一起，意为“有乳房的上帝（伊勒）”或“哺乳的上帝”，即使这种语言仅仅被理解为是比喻性的，它也明显是对女性基本特征的男性化挪用。我们所见的上帝可以既是男性也是女性，超越人类性别的狭隘限制。[20]

《圣经》中这些诗和预言清楚地说明，伊勒·沙代的故事拿走了阿舍拉用于哺育的乳房：一个一神教的上帝应该不仅是他的子民的父亲，也应是抚慰他们的母亲，还是生命和繁殖的源泉。《希伯来圣经》引用上帝的话，说他自己是“母亲”，一位“将古代以色列人容纳在他的胸怀里”的母亲。[21] 上帝拥有和提供一切，和它周边的宗教一样，犹太

---

19 Marilyn Yalom. *A History of the Breast*, 1998:25.

20 同上，27。

21 E.g. Isa. 49: 1; 49:15; 66:11-13, as mentioned in Walker Bynum 1982:125.

教也颂扬繁殖，认为一个女人只有生育了男性后代才是“完整的”。[22]

阿拉伯女神们的结局

正如在希伯来传统中一样，一神论之前的阿拉伯世界中同时居住着男神和女神。阿尔乌札（Al-Uzza）、阿尔拉特（Al-Lat）和阿尔玛纳特（Al-Manat）是在 7 世纪的阿拉伯神殿里被供奉的女神。阿尔乌札受所有阿拉伯人尊敬，据伊本·艾尔·卡比（Ibn al-Qalbi，737—819）说，对她的“狂热崇拜从阿拉伯半岛延伸至美索不达米亚，并且这种狂热崇拜享有特许的重要性”。他的《偶像之书》（*Book of Idols*）是关于前伊斯兰时期宗教最重要的经典作品之一。阿尔乌札是大地的母亲，相当于德墨忒尔，掌管繁殖和与生命起源有关的一切。但很明显，阿尔乌札和其他广受欢迎的前伊斯兰时期的阿拉伯女神们很快就被清除了，“意识形态上，通过话语；物质上，通过摧毁她们的圣殿”。

麦加东部阿尔乌札的寺庙于公元 630 年被毁，或早或迟，其他神殿也经历了相似的命运。随后，有关阿尔乌札的负面故事被传播开来。在一个伯伯尔人（Berber）的陈年故

---

22 Yalom ibid; Patai 162.

事里，字里行间的思索中伴随着一个警告：

> 夜间走过一个墓地，你会听到动人的歌唱。不管你是否愿意，你都会追逐它，直到你找到一个小小的、黑色的，但非常美丽的女孩。她从你身边逃开，一开始很慢，然后越来越快。你被迫跟上她、尾随她……她的乳房变长，最后她把它们向后甩过肩。然后，突然地，她跳进一个坟墓，追随她的人在她后面也跳进去，注定跃入死亡。[23]

换言之，绝对不要去可以找到阿尔乌札或其他女神的地方，因为她们会无情地将你拖入死亡。

在犹太教、基督教和伊斯兰教中，那唯一的、永恒的、万能的、至高无上的神，多数情况下都被呈现为一个男性角色。然而，在这三个一神教中，女性因素总能通过意想不到的后门悄悄融入其中。[24] 在基督教中，贞女玛利亚被召请来履行失踪的女性角色，特别是其母亲的功能。（更多论述见第 4 章）

---

23 Ploss and Bartels, *De Vrouw in Natuur- en Volkenkunde. Anthropologische Studiën*, (s.d.) 128-129.

24 Raphael Patai 在 *The Hebrew Goddess* 中有力地展示了这一点。犹太人的诺斯底主义（gnosticism），包括其中的女性因素，见 Elaine Pagels, *The Gnostic Gospels*, 1989。

作为女人和母亲形象的耶稣

耶稣作为母亲的形象，在最早的基督教会神父的文本中已经被提及。[25] 约在 12 世纪，耶稣这一有着温暖、能够滋养生命的乳房的形象在宗教经文中非常流行；在很多布道中，男性牧师也会提到“耶稣为他的孩子哺乳”：

> 新郎（基督）拥有乳房，这样一来，他就能尽到所有慈爱的义务与职责。他是自然万物的父亲……也是对她耳提面命的父亲。又因为他的爱与母性，他总是温和的。[26]

这里，“自然万物的父亲”意味着他是一位能够自然生产的男人（这一观念顽固地存活了千百年，在基督教之外也如此），再加上负责养育的母亲的隐喻，使这个“自然的”男性形象趋于完美。在生殖和权威——父亲的角色之外，上帝之子承担了母亲滋养生命的角色。在宗教文本和布道中，耶稣自己成了哺育信徒的“母亲”。而那些普及这些母亲和

---

25 Teresa Shaw, *The Burden of the Flesh*, 1998:16-17; Rolf Quaghebeur, *Eigen-zinnige Christusvoorstellingen, over het moederschapsthema in de mystieke beeldtaal van de Middeleeuwen*. 感谢 Elise Bocquet 让我注意到这篇没有发表的论文。

26 Caroline Walker Bynum, *Jesus as Mother. Studies in the Spirituality of the High Middle Ages*, 1984:119, 122. 在中世纪，有关胚胎起源的知识非常有限。人们追随亚里士多德，相信女人只贡献了构成孩子身体的物质部分，男人则贡献了超越性的部分：生命和灵魂。

女性形象的独身男人，则宣布放弃自己的家庭，并尽可能避免与女性接触。

他们富有诗意的语言就成为精神上的替代品，代替了他们往往在年轻时就放弃了的世界。所以他们与上帝的结合有时被再现为身体上的、女性的形象，具体体现为拥有用于哺育生命的乳房或提供安全保护的子宫。一些僧侣把他们自己或他们的灵魂描述为基督的新娘，并通过此类表述，解决他们的性渴望。[27]

也有作为母亲的耶稣的视觉图像。在一幅 16 世纪的画作中，耶稣围着一块缠腰布，躺在墓中，有八个人在悼念他。他眼睛紧闭，双膝微曲，有一对乳房。他右手食指和中指捏着左侧的乳头，好像一个准备给自己的孩子哺乳的女人。这一姿态有着隐喻性的内涵：耶稣悲惨的死给予信徒生命并滋养他们，正如一个女性生育并哺育她的孩子。死者身边围绕着天使、祈祷的女人们和旁观的门徒约翰（John）。抹大拉的玛利亚（Mary Magdalena）虔诚地跪在耶稣脚边，旁边是她的陶罐（彩插图 9a、9b）。这一无名氏的画作题为《悼念墓中的耶稣》，符合再现有乳房的基督的绘画传统。[28]

---

27 Idem, *Holy Feast and Holy Fast*, 1982:162-163.

28 这幅画是比利时莱西恩 Hôpital Notre-Dame à la Rose 博物馆收藏的一部分（感谢馆长 Elise Bocquet 提供照片）。又见 Elaine Pagels, “What Became of God the Mother? Conflicting Images of God in Early Christianity.” In: *Signs* (2) 1976:293-303, 及 https://thequeenofheaven.wordpress.com/2011/08/17/does-god-have-breasts/。

14 世纪末，这一滋养生命的母亲形象让路于对耶稣受难和人类原罪的进一步强调。

出于人类对滋养生命的胸脯的需求，在世界其他地方也发明了雌雄同体这一解决方法。我们已经看到了诞育生命的印度男神生主，他值得歌颂的、充满乳汁的乳房也被频繁提及。而那个幸运的、挤出了这位男神的乳汁的僧侣，得到了他想要的一切。有一个神话故事讲述了这位男神如何使用他新创造出的乳房：

> 生主给了自己乳房，于是他创造的生命可以吸吮乳汁并生存。在此之前，这些生命因为缺乏母亲的乳汁而挨饿……于是他在自己身体的前部做了两个充满乳汁的乳房。他（再次）制造出后代。这些后代被制造出后匆忙地扑向乳房，就这样生存下来。他们是幸存者。[29]

很明显，对于想要创造后代的那些人来说，用于哺育生命的乳房被视为身体不可缺少的部分。

埃及男神哈比（Hapi）生活在象岛（Elephantine）上、尼罗河第一道大瀑布附近的洞穴里。他是又一个神圣的、有着雌雄同体外形的例子。他下垂的乳房和巨大的腹部表明他与尼罗河每年洪水泛滥和尼罗河河谷土地的肥沃息息相关。

---

29 Doris Meth Srinivasan, *Many Heads, Arms, and Eyes*, 62-63.

雌雄同体的尼罗河男神哈比与纸莎草和莲花。
素描，1903 年

总之，在世界各地的多种文化中，男性神明被不约而同地赋予了女性特征。[30] 自远古时代起，人类就像不知足的幼儿一样，将神秘的神圣存在塑造成符合自己需要与欲望的形象，并随心所欲地使用难以驾驭的母亲的乳房。

母神被移除或取代后，在新想象出的男神的身体上，重要的女性身体部位和功能明显大量遗失。作为对男性的渴望的回应，父权文化巧妙地将女性特质投射到这些男神身上。

时间来到 21 世纪，爱莉安娜·格兰德（Ariane Grande）在歌曲中再次颠覆了过去的既定角色："当一切尘埃落定，你会相信上帝是一个女人。"[31] 既然如此，那么为什么一定不是男神就是女神呢？

30　关于世界范围内雌雄同体的问题，见 Hermann Baumann, *Das doppelte Geschlecht*, 1955。

31　https://genius.com/Ariana-grande-god-is-a-woman-lyrics.

GOD THE MOTHER BECOMES THE MOTHER OF GOD

3

上帝母亲成了上帝的母亲

男人和女人有着同等的不完美，并且接受同样的指导和规训。因为“人性”这个名词是男人和女人共有的……[1]

女人不许在教堂里说话，也不许布道，不许受洗，不许供奉（圣餐），不许在男性的职责中占有一席之地——更不用说成为祭司。[2]

在基督教出现的最初两个世纪里，男性和女性信徒在做礼拜时坐在一起。但没多久，正教社区（orthodox communities）就采用了在犹太教堂里将男女分开的传统习惯。上面两段引言代表了两种正好相反的针对女性的观点，分别由亚历山大的革利免（Clemens of Alexandria）和德尔图良（Tertullian）提出，他们是公元 180 年左右的两位教会神父。2 世纪末，女性被禁止从事任何教会的礼拜和管理工作，无视这一禁令的群体会被贴上异教徒的标签。

圣灵感孕说

不仅是基督徒，穆斯林也视玛利亚为神圣高尚、胜过

1 革利免语，引自 Elaine Pagels, *The Gnostic Gospels*, 1979: 87。

2 德尔图良语，引文来源同上，81。

一切的女人。她在《古兰经》里的名字麦尔彦（Maryam），被提到的次数比在《圣经》里还要多。中世纪伊斯兰学者视麦尔彦为一个“心甘情愿的容器”，在身为处子的情况下孕育了上帝的灵魂和先知耶稣。而她之所以被选中，是因为其拥有特权的家族谱系，她小心守护的贞洁，以及对上帝无条件的服从。

贞女玛利亚给予信徒滋养生命的、值得珍视的母亲的乳房，因此备受尊重，以至于教会不得不一次又一次压制人们神化她的倾向：任何女性都不允许被尊为神。

几个世纪之后，玛利亚获得了一个特殊的地位：公元431年以弗所（Ephesus）大公会议正式宣布她为“上帝之母”。简单的解释是：如果耶稣是上帝，她就是上帝的母亲。在以弗所做出这一决定当然不是偶然的，它是广受欢迎的生育女神阿尔弥忒斯的寺庙所在地。

这位古老的生育女神千百年来广受尊敬，直到早期的基督教与她发生了冲突。在欧洲，上帝之母玛利亚取代了生育女神。贞女玛利亚获得了一个特殊的地位：以处子之身生下并哺育了一个神圣的儿子。在《圣经》中，只有《福音书》著者马太（Mathew）和路加（Luke）提及处女受孕。在耶稣的家族谱系中，约瑟夫（Joseph）是耶稣的父亲。在路加的书中，玛利亚称呼约瑟夫为“耶稣的父亲”。具有批判精神的《圣经》专家认为贞女生出耶稣更多是一个传奇。

千百年来，基督教神学家和高等牧师们不断阐释玛利亚贞女身份的隐喻。教皇们一直坚持玛利亚是“无瑕”的。4 世纪时，主教西里修斯（Siricius）认为，如果玛利亚并非贞女，耶稣肯定会拒绝她做自己的母亲。一些身为牧师的学者强调玛利亚的生育并未经历痛苦，即便生下了耶稣，她依然是处女。

尽管一些神学家，尤其是新教的神学家就这些问题展开了争论，罗马天主教和东正教教义仍坚持耶稣母亲的处女身份。[3]

最早的贞女玛利亚胸前抱着耶稣的图像，灵感来自埃及科普特人（Coptic）的传统雕塑——女神伊西斯（Isis）充满爱意地为儿子何鲁斯（Horus）哺乳。

伊西斯常常被塑造成头顶宝座的样子。她的名字差不多就是“王座”的意思。所以他的儿子何鲁斯被认为是合法的国王。埃及的国王们喜欢被再现为被放置在伊西斯或其他女神的胸前或膝上，以此证明，通过吸吮神圣的乳汁，他们吸收了其强大的乳母那神圣的权力和地位。[4] 整个地中海地区的人都知道伊西斯的故事，数量惊人的将她再现为神圣乳母的雕像不断被发掘出来，在开罗的埃及博物馆和欧洲各地的博物馆都可以看到。只是当基督教在罗马成为最有权力的宗教之后，城中伊西斯的寺庙才被禁。带孩子

3 Uta Ranke-Heinemann, *Eunuchs for the Kingdom of God. Women, Sexuality, and the Catholic Church*, 1990:32 and 340ff.

4 更多内容见 Baring and Cashford 250; Yalom 11-12。

伊西斯和她的儿子何鲁斯。青铜，公元前 600 年前后

的圣母玛利亚和带孩子的埃及母神一样，都唤起了人们的仁爱之心。玛利亚因她的母亲形象而在基督徒中变得极受欢迎：一位人类的母亲和一个神圣的孩子（耶稣）的形象，对每个人都具有吸引力，无论这个人是有学问还是文盲，是富有还是贫穷。

哺乳的玛利亚

哺乳的母神（拉丁文中经常称 Maria lactans）为欧洲艺术提供了大量灵感，成为欧洲艺术的一个重要主题。在一些绘画中，玛利亚把她的乳汁分给（后来被封为圣徒的）圣修道院院长伯尔纳铎（Bernard of Clairvaux）。根据故事，她突然把小耶稣从胸前移开，喷出的一些乳汁画出曲线，滴在伯尔纳铎的嘴唇上，缓解了他的干渴。在一些图像中，那点乳汁落在他的前额上，意在显示这完全是精神上的食粮。

在一些朝圣地，“圣水”从玛利亚雕像圣洁的乳房中喷出，以使朝圣者获得母神治愈疾病的力量。在奥地利有一个双面玛利亚的喷泉，她的四个乳房能够同时喷出“治愈之水”。

很多人讲述过他们曾见证玛利亚显灵的故事，这些讲述证明，玛利亚曾经且如今依然受信徒喜爱。《美国国家地理》曾绘制过一张这些“显灵”地的位置图，被梵蒂冈认证

玛利亚将她的乳汁分给（后来被封为圣徒的）圣修道院院长伯尔纳铎。
弗拉芒画派，1480 年前后

圣母玛利亚正为耶稣哺乳。法国洛林（Lorraine），彩绘石像，15 世纪早期

和未被认证的都包含其中。[5]

在欧洲传说中，玛利亚曾于 1858 年出现在法国卢尔德（Lourdes），并于 1917 年出现在葡萄牙法蒂玛（Fatima）。再往前三个多世纪，在 1531 年的墨西哥城，她还曾出现在贫困的印第安人胡安·迭埃戈（Juan Diego）面前。2002 年，迭埃戈终于被封为圣徒。在那里，玛利亚被称为瓜达卢佩圣母（Virgin of Guadalupe）；在她显灵的地点已经建起了一座圣殿，每年有两千万朝圣者前去朝拜。

5 http://ngm.nationalgeographic.com/2015/12/virgin-mary-text.

宗教世俗化

符号使得无形的东西变得可以理解，但符号就像植物一样，它们有绽放期，一旦过了花期，便会逐渐失去力量，最终失去它们的意义。这一过程也缓慢但确定无疑地发生于玛利亚袒露的乳房这一符号上。作为一个宗教符号，玛利亚袒露的乳房出现在中世纪和现代社会早期的绘画和雕塑等多种艺术作品中。尽管母亲乳房的形象被紧密地编织进一张牢不可破的宗教文化之网中，但还是有不显眼的变化侵入了这一坚固的构造，改变了其中的符号结构，正如玛格丽特·迈尔斯（Margaret Miles）在她的《复杂的快乐》（*A Complex Delight*, 2008 年）一书中所说。她研究了数百种玛利亚为孩子哺乳的图像，注意到，乳房的功能和意义在西欧现代社会早期是不断变化的，且清晰可见地从宗教的视角转向世俗：

> 现代社会早期，基督教仍主导着西方社会，在当时的绘画和雕塑中，她（玛利亚）裸露乳房，象征着滋养和关爱——滋养和关爱正是上帝许诺给信徒的，也是信徒向上帝渴求的。联系每个人在世上获得的第一次满足，乳房指向并向人“敞开”更伟大的、来自宇宙的许诺——生命与生命的延续。这样一来，信徒们以恰当的回应向神表达了

自己的满足和感激，还能让其他观众回想起自己关于存在的最初体验。[6]

从 14 世纪到 18 世纪，圣母玛利亚经常被塑造成裸露一只乳房为婴孩时期的基督哺乳的形象。与乳房相伴随的，是无论在家中还是在公共场所，毫不羞赧地掏出一只乳房喂养她们的孩子的母亲姿态。多亏玛利亚用自己的乳房哺育刚出生的耶稣，才有了耶稣在日后奉献自己的生命拯救世界。所以，在某种意义上，圣母玛利亚的乳汁和她的儿子耶稣的血可以等同。

这一极具宗教意味的内涵被与所有人都熟悉的日常生活经验联系起来。[7]上帝之母经常被视为一个调解者：为了那些恐惧末日审判的凡人的命运，她向自己神圣的儿子恳求。在故事中，她的乳房甚至缓解了一些已死之人的迫切需求。在一幅意大利阿马特里切的菲洛特（Filotes dell'Amatrice）的画作中（1506），玛利亚右臂抱着耶稣，站在炼狱之上，让她乳房中的乳汁如雨般洒落在炼狱中干渴的灵魂上。

在早期的图画中，通常是一只小小的乳房从玛利亚圣衣的洞中突起，好像一只台球，而且经常被古怪地高高置于

---

6 Miles, 2008:ix.

7 Saxon, Elizabeth, *The Eucharist in Romanesque France: Iconography And Theology*, 2006: 205-207.

肩上。(彩插图 10) 直到 15 世纪，信徒们仍将玛利亚裸露的乳房和她母亲的身份联系起来：

> 为了负担这只滋养生命的乳房，身体裸露是必需的，它是庄严的，不是性感的。在所有 15 世纪早期的艺术中，贞女玛利亚穿的衣服也是庄严的。这些服装和某种被实际穿着的衣服相似，但在艺术作品中，出于传教的目的，它们很大程度上被丰富和改写了。[8]

在 1350 年的欧洲，母亲那滋养生命的乳房是一种宗教的符号。但到了 1750 年，由于这一身体部分的日益色情化和医学化，其象征性的意义已经不再为人所理解。

早至 14 世纪，因时代的需要，人们已经开始采取各种各样的人工手段改造自己的身体。男人和女人们根据流行的美学原则，使用可以塑形的鲸须和填充物来修饰自己的线条。紧身胸衣成为时尚，乳房被束缚或推高。[9] 那个时代的女性所发表的见解没有被保留下来，我们只能从文字和图像中看到社会对女性乳房看法的变化，但这类看法都来自男性，正如大部分有关人类起源的神话也来自男性那样。

---

8 Anne Hollander, *Seeing Through Clothes*, 1978:187.

9 如 2013 年巴黎装饰艺术博物馆（Musée des Arts Décoratifs）的展览《底部的机械》（*La Mécanique des Dessous*）所展示的那样。

紧扣纽扣的圣母玛利亚

渐渐地，有关乳房的绘画发生了三个变化，正如玛格丽特·迈尔斯在她的精彩著作《复杂的快乐》(2008)中所发现的那样：首先，对乳房的描画越来越准确，色情方面的暗示不断增加，神职人员开始害怕它们会诱发性兴奋。天主教地区的男性神父开始意识到——日渐写实的图像不再产生过去那种唯一、明确的含义。无怪乎1563年12月特伦托大公会议(Concile of Trento)以“不体面”为由拒绝圣母玛利亚哺乳的写实图像。此外，自15世纪末始，绘画和雕塑中表现的乳房也不再仅仅是《圣经》中的女性乳房。

除了圣母玛利亚的乳房，乳房还在其他有关《圣经》的话题中扮演着角色——例如长老偷窥苏珊娜(Susanna)沐浴这一幕的绘画形式的再现。还有一些古典悲剧主题，例如卢克蕾提亚(Lucretia)在被强奸后自杀。有一个17世纪的例子是约翰尼斯·贝克(Johannes Baeck)的《浪子》(*The Prodigal Son*)。这幅画描绘了一个年轻人的道德堕落，他漫不经心地用手摸着一个女人裸露的乳房。

另一类有关《圣经》的画作呈现了波提法(Potiphar)的妻子试图以自己的乳房引诱无辜的奴隶约瑟夫(Joseph)的故事。有关贞洁的道德训诫被强调得越来越少：

约翰尼斯·贝克，《浪子》。卢浮宫，1637 年

> 17 世纪时，裸露的乳房被呈现为直白的色情图像，尽管它们还有着来自《圣经》这种正当理由。……在 18 世纪，比一个世纪前更大更圆的乳房被频繁描绘，世俗得毫无歉意。[10]

早期现代艺术中第三个值得注意的变化是有意描绘两个而不是一个乳房，不管它们是否被箍在低领露肩装（décolleté）中。抹大拉的玛利亚（Mary Magdalen）的形象在这一发展过程中曾短暂地存在：她曾是一个妓女，善与恶

10 Miles 8-9.

在她具有性吸引力的身体上汇聚，她"游走在悔悟的罪人和色情的性工作者之间"。多纳泰罗（Donatello）的一座雕塑把她的乳房贞洁地藏在长发下面。但在缇香（Titian）的画作中，透过长发，她的乳头清晰可见。[11]

15 世纪后半期，低领露肩装因当时著名的美人阿涅丝·索蕾（Agnès Sorel）而在欧洲成为时尚。她因是法国查理七世的情妇而闻名。在一幅无名氏的画作中，她身着一袭黑色长裙，头戴薄纱，虔诚地低垂眼帘。她的蕾丝胸衣松松地系着，一只乳房从中露出来；她的膝上没有等待哺乳的孩子，取而代之的是手里的一本书。她的一根手指半夹在书页中，暗示她等候画家到来时真的在阅读。

1481 年，这位著名的交际花成为让·富凯（Jean Fouquet）的画作《圣母子》（*La Vierge de Melun*）的原型。她被描绘为同样目光低垂的姿态，并被加以王冠，被天使围绕，但她的书被一个裸体的婴儿取代。婴儿挺直身体坐在她面前，于是，她领线极低的露肩装和一只未经遮盖的乳房便直接跃入视野。

这一画作无疑震撼了当时的观者，因为它违背了当时不成文的规则：艺术家必须向信徒传达宗教内涵。

> ……与绘画的惯例相反，（阿涅丝·索蕾）穿着领口深而低的紧身衣，年轻又时尚，她炫耀性地松着绑带，露

11 Miles 11-13.

佚名，原作复制品，洛什城堡（Château de Loches），16 世纪

《圣母子》，让·富凯，安特卫普（Antwerp）皇家艺术博物馆，1450 年前后

> 出一只最具诱惑力的乳房，这只乳房突破了束缚。而在衣服下同样清晰可见的另一只乳房，虽屈服于压迫，却有着同样性感的效果。[12]

这类画作反映出，未曾将美学目的置于首位的宗教图像开始向“为艺术而艺术”的图像过渡。

1450 年左右，索蕾将她裸露一只或两只乳房的新的服饰风格带进法国宫廷。很多女性追随她，正如我们在其他许多欧洲绘画中所见的那样。皮耶罗 · 迪 · 科西莫（Piero di Cosimo）绘制的西蒙妮塔 · 维斯普奇（Simonetta Vespucci）的肖像就是一个著名的例子。(彩插图 11)

早期的自然形象开始出现裂痕，玛利亚裸露乳房久已固定的象征意义最后分裂为两种截然相反的结果。一方面，女性的身体被降格为色欲的对象；另一方面，出于对贞洁的考虑，女性的身体被回避。结果导向两种极端：乳房要么被认为是“极坏”的，要么被认为是“极好”的。自此，由血肉组成的乳房的意义在对立的两个极端之间摇摆。而行走在世间的、拥有乳房的女性，也或作为邪恶的诱惑者被拘禁，或作为虔诚、贞洁的玛利亚被赞美。乳房成为一种社会标准，用以鉴别女性贞洁与否。

在印刷术传入欧洲一个世纪后，欧洲色情插图文学泛

---

12 Anne Hollander 1978:187-188.

滥开来。[13] 到 17 世纪时，女性裸露的身体被印在大量医学书籍中，广为流传，如维萨里（Vesalius，1514—1564）关于人体解剖学的著名著作的扉页上，就展示了一位女性的身体正在大量男性观众的注视下被解剖。

由于色情类作品的激增和医学研究的发展，那些对女性身体仅有装饰作用的部分受到特别关注。在法国大革命的序曲中，上升期的中产阶级就批判了早期贵族对奢侈礼服和低领露肩装的展示。到了 18 世纪，中产阶级（bourgeoisie）更加保守拘谨了。

那么在玛利亚身上发生了什么？作为上帝的母亲，她曾是上帝与有着血肉之躯的普通男女之间不可或缺的连接。在世界各处，人们在她身上投射了不同的地方文化色彩。在欧洲，艺术家们给予她白人的、西方的特质：蓝色的眼睛，玫瑰色的脸颊，甚至浅色头发。其他各大洲的艺术家则越来越频繁地赋予她各自地区的信徒所拥有的肤色、眼睛的形状和面部特征，这样人们会更容易认同她。在非洲和拉丁美洲，她的肤色变深。（彩插图 12）在越南，她成为众所周知的"我们的拉望圣母"，身着越南女性的传统服装奥黛。随着时间的推移，欧洲的罗马天主教传教士将数以百万计的虔诚的玛利亚图像传播到世界各地。这些图像有一个显著的共

13　参见 Miles 132："纽约 Art Resource 是北美最大的图像收藏机构，它主持的一个研究表明，1750 年以后，再也没有裸露乳房的圣母像被创作出来。"

同点：上帝之母不再为自己的孩子耶稣哺乳，她衣着得体、紧扣纽扣。这一点遵照了特伦托大公会议的裁决（1563 年）。当时，与会的主教判定，再现玛利亚哺乳是需要被谴责的，并要求此后将她作为母亲象征的乳房掩藏起来。此后，在世界各地，紧扣纽扣的圣母玛利亚成效斐然地抹去了此前为人所熟知的、易于理解的其作为哺乳母亲的形象。

DESIRABLE AND TERRIFYING

令人向往与恐惧的

象征生育能力的饰物，外阴和子宫。印尼弗洛勒斯（Flores）

罗马外阴形许愿物，红陶，约公元前 200 年—公元 200 年

项链坠，三角形皮革和代表生育能力的货贝，马里多贡（Dogon），20 世纪

THE GATEWAY OF LIFE

4

生命的原初通道

无，名天地之始。

有，名万物之母。

故常无，欲以观其妙；常有，欲以观其徼。

……玄之又玄，

众妙之门。[1]

在一篇机智诙谐的专栏文章中，弗里茨·亚伯拉罕（Frits Abrahams）提及一些用来指称女性生殖器官的负面用词，这些词语都是在他生活的地区惯用的，他对此感到迷惑不解。男性生殖器官在人们的口头语中已降格为一个无力的附加品，而女性生殖器官的作用也开始式微，变得负面。在荷兰语中，休息日被称为“阴户日”，意指其无用。他注意到，甚至女人们也像男人们一样漠然地使用这个词。

女性的这个身体部位是全人类通往生命的原初通道，却常常遭遇不公、遭受辱骂，是时候为它发声了。我将在本章中探索这一独特的身体部位，揭开那些试图掩盖它的帷幕。

1 《道德经》，第 1 章。

那个奥秘

在当代，谈及性时我们往往坦率而直白，但我的祖母与我们完全不同，她从未和我们讨论过这一话题：它承载了太多，相关词语却相当匮乏。在她的生命中仅有那么一次，在经过长久的犹豫后，她称其为“那个奥秘”。她在面对生命通道的奥秘时保持缄默，但对此并无自觉；与她的缄默和不自觉相伴的，是一个影响了全人类的悠久传统：信奉这条生命通道具有未知的力量。

在世界各地都有人相信，当这个隐藏的奥秘被揭开时，可以释放出未知的力量，保护他们的家庭或整个社区，使之免于威胁和灾难；甚至相关图案的护身符都可以吓退敌人，保护所有人免受邪恶侵害。这一观念来自一个更古老的信仰：当面向干旱的天空、贫瘠的土地、波涛汹涌的大海和危险的敌人袒露这一奥秘时，猛兽会四散逃走，自然灾害会因此平息，人类将繁衍不息，并获得好收成。

对于生活在当代的局外人来说，这一习俗听起来可能有些野蛮，但在从狩猎社会转向农耕社会的历史过渡阶段，很大一部分的人类群体在面对危险时惯于使用这种仪式。人类学研究为我们提供了大量相关例子。庄严地将女性一直被遮盖的阴部展示出来，被认为是一种显示出众勇气的重要行为，并且只适用于极端情况下：“在正常情况下，不正常是一种禁忌。但在不正常的情况下，做不正常的事，是为了恢复正常。”[2]

在古代社会，只要条件允许，没有人会让自己在公共场合衣不蔽体。但当面临严重旱灾的时候，女巫会遵照某种仪式，脱去衣物，向炽热的太阳展示身体以求降雨。事实上，魔力被归功于女性的裸体。

在戏剧化的情况下，女性会公开展示外阴，以此保障自己的宗族安宁。史上的事例显示，在战时，这一致命的威胁产生的效果常常是双倍的：己方战士受到激励，敌方则因目睹这一景象而无法动弹，此类事件就曾发生于爱尔兰。[3]因此，在早期社会中，女性的外阴——根据各种资料，甚至早于男性器官——负责召唤邪恶和消极的力量，平息自然灾害或公开嘲弄敌人。

离我们更近的相关事件发生在非洲的尼日尔河三角洲，2002年6月，女人们在有关石油的抗议运动中使用了这一古老的诅咒——并且奏效了。“我们都通过阴道来到这个世界”，这是来自祖先的训诫。在这一传统语境中，沉默地展示阴部就已足够，因为无言的姿态包含着一个有力的信息：“凭此，我们可以把曾给予你的生命收回。”这一“诅咒”还

2 E. E. Evans-Pritchard, Some Collective Expressions of Obscenity in Africa. In: *The Journal of the Royal Anthropological Institute of Great Britain and Ireland*, 1929:323.

3 J.Moreau. Les guerriers et les femmes impudiques. In: *Mélanges Henri Grégoire*, III, 1957:283ff.

希拉纳吉。英格兰西部，12 世纪

会被用在社会性的层面以公开惩罚男人，并视他们为已死：从此刻起，所有女人拒绝为他们做饭、和他们结婚或做生意。这就像早些时候一样，“裸露的诅咒”被证明是女性用以阻挡痛苦和灾祸的最有力武器。[4]

在欧洲北部，有些古老的石头上刻着阴部张开的女性人物。在不列颠岛和爱尔兰岛，她们被称作希拉纳吉（Sheela-na-gig）。人们相信这些图像服务于类似的目的，即抵御死亡或邪恶。在亚洲和大洋洲的一些地区，裸露阴部也是最有力的辟邪手段之一。在位于太平洋上的岛国帕劳（Palau），木刻的女性人物被固定在酋长房屋入口处：她们

4 更多内容见 *Naked or Covered*，28-29。

迪鲁凯，建筑物正面的保护者。帕劳，1900 年前后

的手放在大腿上，双腿分开，露出一个黑色三角形，标志着引人注目的阴部。这些雕像叫作迪鲁凯（dilukái），意为“保护人们的健康和繁衍生息，保证好收成并阻挡邪灵”。

欧洲人刻在门窗上方的希拉纳吉，还有帕劳群岛村庄里酋长房屋入口处的木刻女性人物，都将阴部表现为“原初之门，非生命和生命的神秘分界”。[5]

5 Juliette Dor, The Sheela-na-Gig: An Incongruous Sign of Sexual Purity, in Bernau, Evans and Salih 2003: 33-55; Bertling 96ff; Mircea Eliade, *the Encyclopedia of Religion*: http://en.wikipedia.org/wiki/Sheela_na_gig#cite_we-14.

黑暗的威胁

在神话故事呈现的场景中，“淫秽的女神”在危急时刻举行的舞蹈仪式中展示她身体的私密部位。一个“淫秽”的女神代表了有关死亡和繁殖的神圣生命轮回。有两个这方面的例子：

古代日本神话中太阳女神的弟弟素盏鸣尊（Susanoo）是神界一个惹是生非的不安因素。他的暴行让繁茂的绿色植物枯萎，因此威胁到人类的生命。他的父母、造物神伊邪那岐（Izanagi）与伊邪那美（Izanami）决定将这个粗鲁的儿子罚去黄泉国关禁闭。

离开之前，素盏鸣尊最后一次去看望姐姐——太阳女神天照（Amaterasu）。他一攀上高原，就使海水动荡，山峦发出震耳欲聋的响声。

他到达时亵渎了为各路神灵织造服装的斋服殿，其后果是灾难性的。太阳女神狂怒，收起发光的长袍，转身进入一个洞穴，将洞口用一块岩石牢牢地堵住，愤怒地隐居了。令人窒息的黑暗吞没了一切光明，一个没有光的世界注定造成一场危及所有生命的灾难。

怎么办？众神不知道如何说服天照带着她的美丽光辉再度现身。最终，天钿女命承担了这一任务：她在恍惚中翩翩起舞，先是露出乳房，然后将衣服褪至腿部。众神嬉笑着鼓噪起来。肆意的笑唤起了天照的好奇心，她刚刚打开一点洞门，神光就再度涌出。手力男神（Tajikarao）趁机抓住她的手，把她彻底拉了出来，众神继而在她身后排成一行，让她无法再次回到洞中。如此，阳光马上再度照耀天地，素盏鸣尊受到惩罚，人类免于灭亡命运。[6]

希腊神话中也发生过类似的事件。在爱女珀耳塞福涅（Persephone）被冥王绑架后，悲伤而愤怒的农业女神德墨忒尔对富饶的大地施加了诅咒。由于这个诅咒，世上不再有孩子出生，谷物拒绝生长，花朵停止开放，人们失去了对神灵的信仰。德墨忒尔忧伤地在大地上巡游，然后沉入地下，当她接近一眼泉水时，遇到了包玻（Baubo）。这位神秘的人物成功地让德墨忒尔再次露出笑容。关于包玻的身份有着各种说法，她可能是一位女神、一位助产士，抑或是德墨忒尔以前的保姆。她的名字“包玻”意为“膝部”或“腹部”。她是性的化身，在很多图像中我们可以看到她明显露出的阴部。为了让德墨忒尔振作起来，她脱光衣服开始跳具有性暗示的舞蹈。这是一个关于农业女神的故事：德墨忒尔的愤怒威胁着人类的未来。在希腊和日本的故事中，坦露外阴是唯

---

6 F. Hadland Davis, *Myths and Legends of Japan* 1912. 这一日本故事出自 *Kojiki or Records of Ancient Matters*（由 Basil Hall Chamberlain 在 1882 将之由日文译为英文）。712 年，应元明天皇的要求，这一古老且极长的口头故事由一位能记诵的老年女性说书者表演出来，随之被记录下来。参见松本信广的《日本神话论文集》（*Essai sur la mythologie japonaise*），1928； Pierre Lévêque, *Colère, sexe, rire. Le Japon des mythes anciens*, 1988。

加冕的德墨忒尔与玉米穗、罂粟和一支火炬。
科林斯（Korinthian）陶器，公元前 5 世纪晚期

一解除咒语的方法。[7]

在为德墨忒尔举办的庆典中，最关键的秘密典礼只有女人可以参加。典礼上吃的糕点也被做成生殖器的形状，一餐中伴着大量的酒，女人们讲着淫秽的笑话互相取乐。庆祝活动中有关生育的典礼以与包玻相关的环节结尾。[8]

在农耕的语境下，淫秽担负着“重新激发”繁殖力的任务。在日本和希腊的神话中，袒露阴部的姿势是古老信仰

7 很多地方都发现了包玻的图像，其中多数是在希腊背景下的。感谢我在莱顿大学的同事 Ineke Sluiter 和 John Miguel Versluys 向我提供有关包玻的信息。

8 P.-L. Couchoud, *Le mythe de la danseuse obscène*. Paris: Extrait du *Mercure de France* (juillet-août), 1929.

的一部分，人们相信这一重要身体部位的魔力。这样一种坦露的姿态令人类体验到空前的力量，并被诠释为有利的征兆。由于这扇生育之门，女性拥有了驱逐即将发生的灾难的力量，她们在具有感染力的哗笑声中化解危机，并为新的能量和满载着新生命的未来创造空间。

赤陶、黄金与青金石之丘

只要伟大的女神深受尊敬，圣河就会从大地的阴道中涌出，一切生命就会从她诞育生命的通道中爬出，来到地球上。自然和文化被用来再现性与繁殖，方式是使用指代生命之源的符号。用于指代阴部的符号中，最为人熟知的是倒置的三角形。希腊字母中大写的 Δ（delta）就是这样一个三角形。作为字母表中的第四个，它既指代河口，也指代阴部。在古希腊，Delta 是个地名，当地有德墨忒尔的圣所。德墨忒尔最初被当作母神崇拜，后来主要负责农业。在很多文化中，颠倒的三角形都是古代女性祖先或女神的标志。我们已经见过一个例子，即帕劳建筑物正面代表庇佑的女性人物。

另一个例子是一个大花瓶上的苏美尔女神伊丝达（Išhtar）的图案。而这个花瓶很可能是一个象征子宫的容器。伊丝达是美索不达米亚代表爱与战争的女神，她的阴部在古美索不

花瓶上的伊丝达。伊丝达周围环绕着水生动物，象征其繁殖力。
美索不达米亚，拉尔萨（Larsa），公元前2000年—前1000年

达米亚被崇拜和赞美。[9]

还有一个例子是多贡的项链，上面的挂饰是棕色皮革制的倒三角形，装饰着象征生殖力的白色货贝（图片见本部分开始处）。除了三角形，阴部在很多文化中也被再现为菱形。在叙利亚，一个公元前3000年—公元前2000年间的金色挂饰被做成三角形，里面插入一个金线扭成的菱形。在叙利亚内战之前，这一代表繁殖力的装饰物在阿勒颇（Aleppo）博物馆展出。[10] 而具有现代风格的菱形图案的最佳实例当属雷诺汽车（Renault）的商标，虽然大多数的汽车驾驶者已不再了解原初的生命通道作为一种保护性力量的深刻含义：

---

9 感谢亚述学家、莱顿大学的 Theo Krispijn 提供有关 *Reallexicon der Assyriologie* 的信息和参考资料。

10 参见 Rients de Boer, *De kleding van Ištar van Lagaba*, 2013:30f。

在遭遇威胁或疾病这类生存危机的时刻，供品或祭品会被放在神龛上以取悦男神或女神，或为确认一个请求，或为一个已实现的愿望表达感谢。女性阴部形状的装饰物存在于很多文化中。本部分第一页还有两个来自印度尼西亚弗洛勒斯岛的图像。它们被当作可以催生新生命的、具有未知力量的物件来佩戴。在古代，战士们在上战场时也会佩戴它们，以此为自己寻求庇佑。

因为阴部被认为是爱与繁殖力的标志，女神伊丝达接受的供奉物都有着象征阴部的形状。这些物品通常用昂贵的材料制成。在有着数千年历史的黏土板上，一个还愿供品的详细列表里列着一个金制的和八个银制的阴部形状的供品，全是献给伊丝达的。伊丝达从崇拜她的人，尤其是女人那里接受这些（和其他多种）物品。于是其中一篇与她有关的祷文写道：

统治天地的慈悲的伊丝达，

创造人类的英雄的伊丝达，

走在牛羊群前面的你，爱着牧者的你……

没有你，河水不会流淌，

生命之河会被堵塞。

没有你，运河不会被疏通，

供人饮水的运河

不会被挖掘开……

伊丝达，仁慈的女神，

请倾听我的声音并把恩惠降到我身上。

……

在结尾，祷文小心地提醒伊丝达她谦卑的仆人所奉上的所有献祭品。这是一份内容丰富的清单，以最昂贵的献礼结尾："一个青金石制成的阴部形状的物品和一个金制的（缺字）。"[11] 而这种由石头、赤陶或其他材料制成的阴部或子宫形状的还愿供品也存在于其他传统中。

11 Erich Ebeling, *Quellen zur Kenntnis der babylonischen Religion*, Leipzig, 1918, II:12.

POWERFUL BLOOD

5

强有力的血

这是我们强大有力、令男人感到害怕的时候……处于经期的女人是一种超自然力量的载体，这种力量可以使她创造生命。[1][亚利桑那州和墨西哥的托赫诺奥哈姆族（Tohono O'odham）]

他们俩都变得非常生气。经过了一大堆废话胡扯，最后发怒的男人扯下了一颗上帝禁止他们食用的有毒的果子。他几乎把它咽下去了，但在最后一刻，他想起这是禁果。于是果子卡在他的喉咙里，但看不见。可是女人也扯下果子并咽了下去。果子在她的子宫里炸开，她开始流血。[2][尼日利亚伊加拉族（Igala）]

有关月经的神话

每一种文化都有自己谈及月经初潮的方式。在日本它被描述为"破瓜之年"，在科萨（Xhosa）是"花未含苞"，

1　这段话出自亚利桑那州和墨西哥的索诺兰（Sonoran）沙漠上的托赫诺奥哈姆印第安妇女的宣言，参见 *Marta Weigle* (1982) 1992:173。在这里，女人被认为是不洁的（正如在其他很多文化中来月经的女人们一样，例如在《圣经》的《利未记》中），但因为负责宗族的繁衍而满载着神圣的力量。

2　In Black Orpheus. *A Journal of African and Afro-American Literature*. Vol. II, January 1958:6.

在德国是“每月花开”的开始,在印度是“爱神的五支箭”。[3]起源神话解释了这一神秘的流血现象的开端及其后果。按照起源神话的解释，这一现象和每月的规则与禁忌有关，有着或积极或消极的含义。一个在埃及古墓（公元前 18 世纪—公元前 16 世纪）中发现的文本中写道，红色与创造过程中的怀有敌意的力量和大型战争联系在一起，尽管我们并不清楚女人和她的经血在当时是否被抵触。[4]

不同传统对此有着不同的观点。在某些传统中，第一次月经被再现为一个在人类历史早期初次犯下严重罪行的女人受到的惩罚 :“辱骂出自你的口中，血将从你的阴部流出。”[印度邦多族（Bondo）]……从那一天起，女人们每月都有一段时间出血。[5]

在犹太教、基督教和伊斯兰教的故事和评论中，有很多内容都说月经是一种罪有应得的惩罚。在很多犹太故事中，夏娃在和萨麦尔（Samael，死亡大天使）或蛇睡过之后第一次来月经。那条蛇开启了（罪恶的）源泉，“不纯洁的血和女性每月的疾病就是这样来到这世上的”。[6]

在爪哇人（Javanese）的一个伊斯兰教故事中，撒旦聪

---

3 Ploss and Bartels 169.

4 O’Rourke: The Wt-Woman, https://www-degruytercom.ezproxy.leidenuniv.nl:2443/downloadpdf/j/zaes.2007.

5 Elwin 1949: 274.

6 Eisenmenger, *Natursagen*, (1711) 1907:211.

明地颠覆了上帝的诫命：他愚弄夏娃，告诉她如果她不吃禁果（khuldi）就会被赶出乐园。因为禁果只有两个，夏娃马上咽下了一个。她感到极大的快乐，所以倒下并晕了过去。然后，她开始出血，因为“她不记得神关于吃禁果的禁令，所有的女人都在每月的经期失血”[7]。

无论是《圣经》中的创世故事，还是《古兰经》中的创世故事，都未提及月经是对夏娃吃掉伊甸园中果子的惩罚，不过诠释者将严厉惩罚和男性与一个“不纯洁”的女人的接触联系在一起，以此强化男女之间的等级关系。《古兰经》对男人们的忠告一点不比《希伯来圣经》少。只要女人们是“不洁的”，就要和她们保持距离。穆斯林的圣书并没有将月经和违背上帝在伊甸园的诫令联系在一起，但伊斯兰教传统的注释毫不克制地进行了这样的解释。《古兰经》学者塔巴里（Tabari，839—923）视夏娃的第一次月经为惩罚，因为她吃掉乐园之树的果子。《布哈里圣训实录》（*Sahih al-Bukhari*）被伊斯兰学者视为“最真实可靠的书”，它将自夏娃开始的、女性于智力上的欠缺与月经联系在一起：

> 当安拉的使徒……身边经过（一群）女人，他说：“哦，女人们！献出救济，因为我曾看到火狱的多数居民

7 Steenbrink, a.w. 118. 更多有关夏娃和她的身体的内容见 *Overal Adam en Eva*, hoofdstuk 10。

是你们（女人）。”她们问道：“哦，安拉的使徒，为什么是这样？”他回答：“你们频繁地诅咒你们的丈夫并且不知对他们感恩。我还没见过比你们更欠缺智力和信仰的。一个小心而明智的男人可能被你们当中的一些人领入歧途。”女人们问道：“哦，安拉的使徒！我们在智力和信仰上欠缺了什么？”他说：“难道不是一个男人作证即可等于两个女人作证吗？”女人们给了他肯定的回答。他说：“这就是你们智力上的欠缺。一个女人在经期既不能祈祷也不能斋戒，这难道不是真的吗？”女人们给了他肯定的回答。他说：“这就是你们信仰上的欠缺。”[8]

在《古兰经》中，月经和智力没有关系，我也没有在其他地方找到这种联系。

在基督教中，预设第一位女性祖先（和她之后的全部女人）的不洁，与贞女玛利亚“未被玷染的纯洁”形成了鲜明对比。罗马天主教廷罔顾玛利亚曾生育这一事实，始终坚持一个教义：玛利亚是终生处女，拥有完整的处女膜；由于她终生免于女性的不洁，她从未有过月经。[9]

口头故事详述了最早的人类吃禁果后身体上的变化。

---

8 Sahih al-Bukhari Book 6, Hadith 301; https://muflihun.com/bukhari/6/301.

9 Ranke Heinemann, o.c. 21; http://campus.udayton.edu/mary/questions/yq/yq195.html; http://www.freejinger.org/topic/27550-did-the-virgin-mary-menstruate-short-answer-no/.

亚当比夏娃得到的要多。夏娃匆忙吞下果子，然后开始流血。而亚当做出反应时犹疑不决，禁果卡在他的喉咙里，这就是男人的喉结（“亚当的苹果”）的由来。这一章后的箴言里引用的伊加拉（Igala）故事就是一个例子，很多传统中都有类似的资料。

一些伊斯兰版本的亚当和夏娃故事依然致力于证明夏娃更容易被撒旦的言语诱惑。例如，在土耳其乡村，吃禁果被解释为夏娃和所有女人道德上的薄弱，这就是为什么女人必须由男人督导。在这些社会中，女孩们受到的教育是：女性的身体令人厌恶，女性的欲望需要被小心地隐藏起来。尽管男人们在打猎、战争或事故中有时也可能流血，但对于他们来说，失血是偶然事件。男人们是独立自主的，他们掌握与自己有关的一切；而女人们呢，她们的身体里流出血和乳汁，自己却完全无法控制。[10] 这种论证巧妙地将身体差异与等级划分联系在一起。

每月的魔法

劣势可以被转化为优势，正如我们从老普林尼（Pliny

10　Carol Delaney, Mortal Flow: Menstruation in Turkish Village Society. In: *Blood Magic* 79,82.

the Elder，公元 23 年或 24 年—79 年）的笔记中了解到的那样：他相信一个赤裸的、来月经的女人能够强有力地遏止风暴和闪电。如果处于经期时她在田野里游荡，毛虫、甲虫和其他害虫会自然而然地从玉米穗上掉落。[11]

但这并不能防止很多文化将来月经的女人和完全负面的意涵联系起来：女人流血会削弱猎人和勇士，会杀死幼小的植物，使酒变酸，使牛奶结块；她坐在马背上，马背会断。在很多社会中，在“不洁”的日子里，女人会被强制隔离。[12] 对儿媳这种外来的、以儿子妻子的身份闯入家庭并留在家中生活的“陌生人”的普遍不信任，可能很大程度上助长了这一关于月经的负面思维倾向。

人们发明了各种规则来限制这种假定的损害。在极端正统派犹太人的传统中，一个正在来月经的女人不应当出现在公众场合，因为这会导致灾难。她的血会让面包发不起来，也会毁掉收成。一份中世纪的犹太教神秘资料上写道：“上帝抛弃有月经的人，因为上帝无法忍受不洁。”[13] 古希腊

---

11 他的侄子小普林尼（Pliny the Younger）的解释见 *Historia Naturalis*, xxviii. c.23,P. 304 in John Bostock's *Pliny the Elder* web edition, http://www.perseus.tufts.edu/hopper/text?doc=Plin.+Nat.+toc。

12 Peggy Reeves Sanday, *Female Power and Male Dominance. On the Origin of Sexual Inequality*, 1988, 第 5 章；Eloïse Mozzani, *Le Livre des Superstitions. Mythes, Croyances et Légendes*, 1995:512ff. 更多在强有力的血中寻找平衡的文化研究，见玛丽·道格拉斯（Mary Douglas）的著作。

13 Sharon Faye Koren, *Forsaken: The Menstruant in Medieval Jewish Mysticism*. Lebanon: Brandeis University Press, 011.

人相信来月经的女人会让土地贫瘠，会使他们用的镜子失去光泽，在这一期间发生性关系会让她们怀上蛇胎。在日本某些地方和一些美洲印第安人中，处于经期的女人必须远离家畜，不允许接触人们的食物。由于天空代表纯洁，西伯利亚北部的一种信仰坚持女人在经期不应该抬头仰望天空。在欧洲有一个始终顽固流传的谣言：和一个正在来月经的女人发生性关系会导致男性阳痿或其他灾难，例如秃头。澳大利亚土著如果发现他来月经的妻子在他的毯子上躺过，会马上杀死她，而且两周之内他自己也会死于极度恐惧。[14]

在赞比亚的伊拉（Ila），人们相信，一个男人如果和一个正在来月经的女人一起吃饭，就会失去男子气概。在月经期，她不允许触碰壶和锅，而且必须远离平时煮饭的火。在一些文化中，女人会定期在为来月经的女人准备的棚屋中隔离，而且不允许吃已被宣布为她们的禁忌的食物——通常是最受喜爱、最健康的菜肴，例如肉和鱼。在温尼巴格（Winnebago）的信仰中，神圣之物如果接触了任何正在来月经的女人，就会失去它们的力量；甚至鬼神有过这样的接触都会丧命。在全世界范围内，人类发明了如此之多的规则来和女人们每月的出血斗争，以至于布里福特（Briffault）的三卷本著作《母亲》（1927 年）用了整整二十五页来讨论这个话题，并谦虚地说自己的详细列表远不完整。

14　布里福特的例子（1927 年）参考了 Lederer 的著作，第 4 章。

简单概括一下，为了限制经期中的女人，最常见的规则包括：

> 1）不允许有性生活。2）正在来月经的女人们必须考虑衣着、饮食、行动，以及接触人和物的各种限制。3）不允许接触男人仪式上用的装备或武器。4）不允许准备或烹饪食物。5）被隔离在特殊的棚屋中。[15]

这类规则在实践中达成的效果与最初预想的不同——月经禁忌事实上并不存在，围绕月经周期建立的禁忌可能更多地限制了其他人的行为，而不是来月经的女人自己。女人们不止一次聪明地利用了这些规则，将家庭灾难的责任推给一夫多妻制下其他正来月经的妻子，或者威胁其丈夫在他的食物中滴入经血，将他吓个半死。对女性经期的焦虑和负面关注无疑强化了两性间的等级关系和性别隔离。

经血肯定曾被认为具有危险的力量，而月经是最令人困惑的奥秘。在很多文化中，女人们自己内化了她们每月独居的重要性。她们从不冒险让家庭和社会暴露在月经的负面影响下，她们甚至自认为处于经期的自己极为有害且危险。然而在一些美洲印第安人文化中，女人们似乎利用了月经给她们的力量，她们称这是“我们强大有力、令男人感到害怕的时候”。

---

15 Briffault in Lederer, ibid； Robert H. Lowie, *Primitive Religion* 1925:211ff; Reeves Sanday 1988:104.

来“月经”的男人

在美拉尼西亚（Melanesian）和澳大利亚的文化中，由于男人和女人感到他们必须互相依赖，对女性（经期和生育）的血会产生有害影响的坚信和恐惧迅猛发展。两性都因性的“污染”而被削弱。但女人依旧被认为是更强大的一方，因为她每月的出血让她对此种“污染”免疫，而和女人的反复接触却在不停地削弱着男人。

伊恩·霍格宾（Ian Hogbin）在《来月经的男人的岛》（*The Island of Menstruating Men*）里描述了沃吉欧人（Wogeo，巴布亚新几内亚北边一个岛的居民）社会里男性发展出的有关女性不洁的论证。很明显，“污染理论”非常好用，令男人能够证明女人天生不如男人。另一方面，这个理论也令女人可以对相信女人在来月经时很危险的男人施加惩罚。一个沃吉欧男人有权力打他的妻子，但这么做时他实际上冒着一个极大的风险：在妻子下一次经期的时候，她会触碰他的食物，令他患上致命的疾病。

为了规避这种风险，沃吉欧男人会遵循一套特定的程序，主动让自己的阴茎出血。他们认为，出血之后，一个男人的身体就会充满能量和自信。勇士们在发动突袭前让自己出一次血是很正常的。对于商人们而言，是在凿出独木舟出海航行之前；对于猎人们来说，则是在织一张新网出发捕野猪之前。于是男人们在各种文化中创造了他们自己的成功的

“月经”仪式，这一仪式伴随着迅猛发展的、对女性经期和生育之血的有害影响的坚信和恐惧。[16]

如果给世界上由经期的女人造成的灾难做一个列表，我们希望其中的大多数已经被降格到地方文化史的脚注里了。流传在美国南部的一则陈年的家庭奇闻提供了一份简单的菜谱，这份菜谱是为那些担心自己所爱的人会离开的女人准备的：“定期放一勺你的‘每个月那几天’在他的咖啡里，他就永远不会离开你。”故事的结尾提供了证据：“你的叔叔死在你婶婶的怀里，他爱她直到生命的尽头。”

有关血和失血的观念被文化内涵捆绑着，然而很明显，很多祖先对于经血非常警惕，因此采用严格的手段来让他们的世界适合生存。月经逐渐被证明是一种贬低女人、将她们排除在公共空间之外的有效手段。然而，女人的出血始终是令人敬畏的：是的，她们每月出血，然后又突然止住，直到神秘莫测的子宫的黑暗中有新生命开始萌动。

16 Ian Hogbin, *The Island of Menstruating Men*, 1970:96ff.

A STOREHOUSE BENEATH THE NAVEL

6

肚脐下的仓库

一个身后留下孩子的女人会获得永生。[坦桑尼亚，查加人（Chagga）]

肚脐下有一个仓库的女人永远不会死于饥饿或寒冷。[西班牙/葡萄牙，塞法迪（Sephardic）犹太人]

在刚果，我让我的一年级学生写一篇有关“生命的目的”的论文。他们几乎一致同意后代远不是生命中最重要的。但我们的讨论显示，他们最大的恐惧（这个群体中没有女孩）是他们未来妻子的仓库会被锁起来——不育。男人当然也可能不育，但指责牢牢锁定在女人身上。

所有的文化都赞美繁殖力和受孕。在谚语中，一个没有孩子的女人被刻薄地比作没有桩子的帐篷（拉迪诺语，Ladino）、没有太阳的日子（捷克语，Czech）、没有铃铛的母牛（德语）、没有鸟的树（泰语）、山顶上孤独的花（越南语）等。

在故事里，没有孩子的女人们绝望地寻找各种办法，希望这一灾难性的不足得以解决：

（她们）一旦靠近特定的地方就会怀孕：岩石、洞穴、树木或河流。婴儿的灵魂进入她们的身体，她们就怀孕了。无论这些婴儿的灵魂是否是祖先的灵魂。有一件事是确定的：它们藏在裂缝里或洞里，水塘里或森林里，一直等待着变成人。它们已经将某种胚胎形式的生命放在它们真正

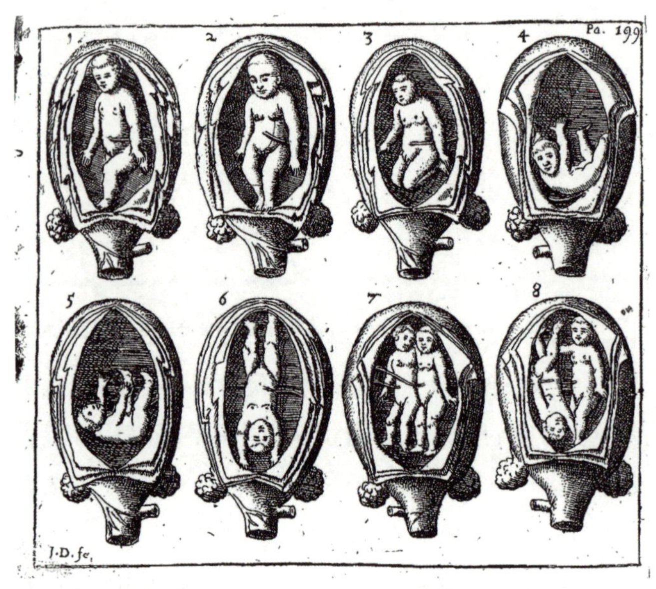

胎儿的各种姿势。简·夏普，《助产士们的书或已发现的助产术的全部艺术》，1671 年

的母亲——大地的子宫里。[1]

这就是孩子的来处。这就是为什么如 19 世纪欧洲人相信的那样，孩子是被水中的生物——鱼、青蛙或鸟儿，尤其是鹳带来的。

1 Mircea Eliade, *Myths, Dreams and Mysteries*, 1960:164-165.

奇迹般的怀孕

任何时代、任何文化中都有奇迹般的怀孕。讲故事的人带着好奇探索人体解剖学，接近创造生命的力量。在巴西巴尼瓦人（Baniwa）的故事里，第一个女人在轻轻地用一根棍子抵着自己的脸颊时怀孕了。一些女人出于对怀孕的渴望，在特殊的地方寻求帮助，还有一些求助于特定的饮食。在孩子降临到她们体内之前，她们还去见灵媒或神使。不寻常的怀孕反映了人类长久以来对于新生命产生过程的好奇。[2]

人们有时会乞灵于星星、太阳或者月亮，风或闪电，祖先或力量的象征。人们供奉的对象范围很广。有时候受孕是通过接触石头或山岩上的特殊脚印而完成的；脚印可能是亚当的、佛祖的、阿里（穆罕默德的女婿）的，或者基督教的圣托马斯的。

一个中国女人曾看到一个巨大的人类脚印，她想要一个儿子，希望这个儿子有着同样令人印象深刻的体格：

> 这个女人静立在至高无上的天神留下的大脚趾的印迹上，在那个时刻、那个地点，她感到自己的内在被攫住并且充满了深沉的、宗教式的赞叹——她意识到自己怀孕了。[3]

---

2 Weigle 86ff.

3 P.Saintyves, *Les vierges mères*, 1908:22ff.

世界上有无数关于人类接触到石头的力量的故事：石头是结实坚固的，它们不会死，而人类是会死的。无怪乎一些年轻女性会通过让身体滑过石头或者跳过一整排代表生育力的石头以受孕。在法国城市雷恩（Rennes）有一块石头叫“婚姻石”（La Pierre des Epousées）。在凡尔登（Verdun）附近有一块岩石叫“圣露西的扶手椅”——据说这位圣徒在那里留下了她身体的印记，想要怀孕的女人只需简单地坐一坐这把椅子就可以。

在突尼斯附近某地的穆斯林中有类似的观念，那是著名的西迪法塔拉（Sidi Fethalla）墓所在之处。那里的岩石险峻而光滑，没有孩子的女人们冒着生命危险去那里。有些女人甚至去过很多次。周六是当地的西迪法塔拉之日，她们在这天向他求助，并用一块扁平的石头摩擦自己的腹部。

除了石头可以提高生育能力，河流、湖泊和泉水也有同样的功效。你可以喝下非常特殊的水，或者将你自己浸在里面。偶尔有一位和善的神在泉水里加了几滴自己的精液，泉水就可以让女人们怀孕。[4]

生育力的重要性在令人印象深刻的圣所里被夸大了，例如在印度的印度教文化中。不孕不育的女人向湿婆——主管创造力和繁殖力的神——祈祷最多。林迦（Lingam）是他的象征，外形为一个立着的石柱，在街角或寺院里都能

---

4 Mircea Eliade 的著作 *Naissances mystiques* 中有很多例子。

找到。在印度南部的城市坦贾武尔（Thanjavur），一个有着千余年历史的著名寺院主要供奉湿婆，里面有一个 8.7 米高的林迦，它是世界上最大的林迦之一。林迦各种大小的都有，人们用一种特殊的油摩擦它，用鲜花和香料覆盖它，向它供奉祭品。人们匍匐在林迦前。不孕不育的女人们在寺院里专门为她们保留的特别的房间中度过一个夜晚。在那里，黑暗中，湿婆神将造访她们。寺院的内院，至圣之所，叫作 karuvarai，是泰米尔语（Tamil）中“子宫房间”的意思，karu 意为胚胎。[5] 在很多仪式中，一个简单的触碰就足够了。简言之，在很多故事里，男人在女人怀孕一事中没有扮演任何角色。

有几个起源故事中，时间开始时只有女人，或者是只有女人生活的国家，没有男人但运转正常。我们了解到在这些社会中怀孕是如何发生的。在印度，据说女人们靠大黄蜂或某些女人凸出的肚脐怀孕……人们相信风是一种有力的播种者，虽然在某些故事的版本中特别说明只有暴风雨才有期待中的效果。一切是这样发生的：想要怀孕的女人爬到山上或站在屋顶上弯下腰，提起裙子，风绕着她的身体下部吹，于是一个孩子就“自然地”在她的体内生长。

在这些故事中，随处可见的男性视角表达了对这种想象中的女性社会的明显反对。他们的文字沾染着恐惧——恐

5　更多例子见 Saintyves 的著作。

惧自己在受孕过程中是多余的。这些女人据说成为痛恨男人的人，每当一个男婴而不是女婴出生，她们都会哭泣；在没有男性介入的情况下，她们会马上杀死她们生下的所有男婴。[6]

这些故事所揭示的男性的忧惧，体现在各个版本中两种熟悉的、互相矛盾的反应上。首先是对前所未有的女性力量的警告，假定其目标是毁灭男人：看，她们根除了男婴。其次是对贬低女人无穷无尽的要求：不，她们活下去不能全靠自己，不靠男人。那些女人生的女孩子们是堕落而无价值的，她们肯定没有能力生出合格的、健康的男婴。不，结实的男性后代需要真正的男性潜质。这种故事反映了女性生育和男性的表现之间的平衡很不稳定。最糟糕的情况是，对于自身多余的恐惧往往和对女性力量的恐惧联系在一起。创造更为令人安心的故事来取代那些可怖的故事，通过这种方法来消除那种可怕的执念，才是比较人道的做法。

男性的参与

只有母亲才能孕育孩子的观念可能是最古老的，但随着时间的推移——无疑是由于父权社会的出现，男性的

---

6 例：Lederer 105。

贡献被极大地夸大了。这一发展反映在各种神话和文学典籍中。《欧墨尼德斯》(*Eumenides*，公元前 451）是希腊剧作家埃斯库罗斯（Aeschylus）悲剧三部曲《俄瑞斯忒亚》(*Oresteia*）的最后一部。三部曲在雅典一年一度纪念狄俄尼索斯神（Dionysus）的节日一起上演。在《欧墨尼德斯》中，俄瑞斯忒斯（Orestes）在杀死自己的母亲克吕泰涅斯特拉（Clytemnestra）后被复仇女神们（Furies）追赶，但阿波罗（Apollo）支持他：

> 所谓母亲，并不是被叫作她孩子的人的亲人（parent），而只是被播种在她身体里的年轻生命的保姆。……生命的根源是男性，而她只是陌生人、一个朋友，当命运将种子播撒到她身上，她就保护它，直到它成长起来。[7]

根据史学家西西里的狄奥多罗斯（Diodorus of Sicily，约公元前 90 年—约公元前 30 年）所说，这一观念源自埃及。他注意到“埃及人认为只有父亲才是后代的创造者，母亲只是为胚胎提供巢和营养”。[8]

现在是时候短暂回顾一下古希腊众神的世界了。在这个神的世界里，生育不需要女性的身体。在作家赫西

7 Aeschylos, *Eumenides*, Lines 657-61，引自 Needham 25。
8 同上。

伊利提亚（Ilithyia），生育和助产女神。她正在协助万物之父和众神之首宙斯，令女神帕拉斯·雅典娜（Pallas Athena）顺利从他的头顶出生。画于一双耳细颈瓶上，公元前 550 年—前 525 年

俄德（Hesiod，公元前 8 世纪中期）有关众神起源的作品中，他声称至高无上的神宙斯（Zeus）的第一个妻子墨提斯（Metis）比其他所有神和人都聪明。但是在众神之王的权力将会落到自己第二个孩子（雅典娜）手里这一预言出现后，天神（Heaven）和地神（Earth）劝告宙斯吞下自己的妻子：只有这样，他的权力才能永远高于所有的神。能够降下天雷的宙斯害怕伴侣生下的孩子会超越自己，于是，出于保险的原因，在墨提斯怀孕时，宙斯用双手抓住她吞了下去，以图掌控至高无上的权力。

墨提斯在他的腹中可以继续慷慨地为他提供明智的忠

告，到了恰当的时候，他自己从头顶生出了一个女儿——眼睛明亮的雅典娜。铁匠赫菲斯托斯（Hephaestus）劈开了宙斯的头骨，全副武装的女神骄傲地从她父亲的头颅里跳出，用赫西俄德自己的话说：

> 她可怖好争，领军不疲，是一位威严的女神，喜好呐喊、战争与战斗。[9]

怀孕的墨提斯的故事从人们的视野中消失了，生育孩子这份工作被留给了她的丈夫。她的故事让人联想到另一则创世神话。在那则神话中，人类之母夏娃从亚当的身体中出现。虽然宙斯是一个神，而亚当是一个人，但在这两则神话中，女性生育孩子的工作都被男性接管了。

一些故事展现了这种角色转变，或者拿这开玩笑。例如前面提到的日本神素盏鸣尊和他的姐姐太阳女神天照。他们通过交换物品，砸碎他的佩剑或她的珠宝来竞相创造新的神。新的神从他们的嘴里跳出来——她生了三个女孩，而他生了五个男孩。她声称男孩是她的，把女孩留给了他，因为男孩是用她的珠宝制造出来的，而女孩是用他的剑制造的。[10]

除了从嘴里吐出孩子，男人的腋窝有时也成为子宫的

---

9 Hesiod, *Theogony* 925-26.（译文出自赫俄西德《神谱》，王绍辉译，上海人民出版社，2010 年，77 页。——译者注）

10 Hesiod in Baring and Cashford 333ff; Pierre Lévêque, 31ff.

替代品。也可能是膝弯处，例如中国台湾地区雅美人（Yami）的例子。他们的第一个男人由石而生，另一个则生于竹根：

> 他们的膝关节胀大发痒，过了一会儿，一个男孩从竹之子的右膝跳出来，一个女孩从他的左膝出来。一个男孩从石之子的右膝跳出来，一个女孩从他的左膝出来。这些孩子长大并结为夫妻。[11]

没有生育能力的那些人在他们管理的社会中垄断了繁殖。子宫所引起的情感和张力不仅反映在创世神话和宗教观点中，也反映在流传于世界各地的大量谚语中。有关容器的比喻，例如管子、花瓶、袋子、葫芦、饭锅和其他指代子宫的物体，伴随着盖子和锁——保护子宫、为之竖起盾牌、挡住外界危险——的相关比喻。

谚语用图像有力地维护随处可见的道德观念，同时支持神话对男人和女人在繁殖过程中各自角色的确认，因为在现实中，有两个关键问题总是难以得到理想的回答。第一个问题是：子宫里的孩子是谁的？很多谚语不停地陈述一个观点，一个女人只应该和自己的丈夫发生性关系：

---

11 Arundel Del Rei, *Creation Myths of the Formosan Natives*. Tokyo: The Hokuseido Press 1951:39-41.

两只公河马没法生活在一个池塘里。[马里，曼丁卡语（Mandinka）]

一个山洞里只能有一只老虎。(萨尔瓦多，西班牙语)

两只公熊不能在一个穴里冬眠。(俄罗斯，雅库茨克)

你没法在一个锅里煮两个大骨头。[奥万博人（Ovambo）]

一个针眼不能同时穿进两根线。(阿拉伯语)

这些比喻指向男性和女性的身体构造，坚持一夫一妻的关系对于女人们是必须的，这令人想到女性的不可控造成的危险。而那些选择背叛的男人和男性的渴望却在很多格言中得到理解："如果一个贼看到大门开着，他就不应该被谴责。"——这是哥伦比亚的一个例子。也有的通过辩称这是"他的天性"，尤其是压力大的时候，将他的做法合理化："在暴风雨的天气中，每一个洞看起来都像一个港湾"，这是墨西哥人的"智慧"。"女人和钱甚至能够诱惑造物主梵天（Brahma）"，这是印度泰卢固人（Telugu）的"智慧"。如果神灵都无法拒绝，一个男人又如何能做到？没有自制力，一个文明就无法存在并发展，这种论点看起来离上述论点很远。[12]

---

12 见 *Never Mary a Woman with Big Feet* 第 5 章中有关隐喻的内容（耶鲁原始版本，2004)。

第二个关键问题和第一个相关联：男性和女性的因素各自对在子宫中萌芽的新生命贡献了多少？因为这一问题没有一个简单的答案，谚语并未真正探讨这一问题，主要是哲学家和学者们在尝试解答这个问题。

世俗权力和宗教观念迫使科学屈服于自身利益的做法贯穿人类历史。出于某种主观的身体特质偏好，以血与精液为关键组成部分的男性体液明显得到了更高的评价。在一个无疑受到亚里士多德（公元前 4 世纪）影响的犹太人故事中，上帝命令灵魂在受孕发生前进入精子。灵魂并不喜欢降临到那“不纯洁”的精子中，但上帝强迫它这么做。隐蔽在男性生殖细胞之下，灵魂——优秀的（由于可以带来生命）因素——到达子宫，在那里，新的人类即将成型。[13]

在伊斯兰教的观念中，只有上帝有创造生命的力量。在《古兰经》中，父母都产生精液，在子宫中交融，在那里创造生命，这一视角来自另一位希腊先贤——希波克拉底（Hippocrates）。这种双精子的受孕模式与亚里士多德的理念不同，亚里士多德认为男人们是将生命的气息或“灵魂”嵌入子宫的人。在中世纪，穆斯林学者们偏爱亚里士多德的说法，在这种说法中，女人们对这一过程的贡献被削弱，男人们的角色则通过各种有趣的方式得到强调：

---

13 Ginsberg, *The Legends of the Jews*, Vol. I: 56-57; Steenbrink 44.

男人们关于母亲身体的知识和技能胜过女人们的经验，在某种程度上，甚至胜过上帝的全知全能。和《古兰经》不同，医学文本介入上帝和子宫之间，以保证一段过去他们不可能得到的亲密而神秘的伴侣关系。[14]

他们还广泛讨论了一个令人困惑的问题：为什么一个孩子更像父母中的一方，而不像另一方？由于父亲一方的不安全感，他们倾向于做出父亲决定了孩子的遗传特征的结论。那么外形的相似是否证明一个女人没有通奸行为？如果孩子既不像父亲也不像母亲，是否说明母亲曾经不忠？这种很成问题的、充满怀疑的推论，也和《古兰经》的要求相冲突，即要证明不忠，需要四名证人。令人迷糊的事情太多了，不过有一件是“确定的”：强有力的精子能够制造出像父亲的儿子，并且显著地提高一个男人的地位；而女儿们则会影响父亲的男性气概（更多内容见第 9 章）。

遵循同样的思路，长得像母亲（或者不像父亲也不像母亲）的孩子，肯定是无法控制女性的、孱弱的男性精子的成果。为了预防这种不受欢迎的事态继续发展，伊斯兰医学学者选择了等级观念。在这种观念中，男性贡献占优势，女性身体则是被动的、依附性的容器，被男人控制和主宰。男人们体现了“神的难以琢磨、难以描述的制造生命的努力”，

14 Kueny 73.

而那些像父亲（而不是母亲或其他人）的孩子则被视为遵从天命而降的生命：

> 为了安抚“父亲”的焦虑，男性医生注意到了不必再强调母亲的生育角色，女性成为占优势的男性种子的被动接收者……这种观点和《古兰经》相悖。《古兰经》认为上帝完全控制了子宫及其内容，或者邀请女人们和他一起参与生命的制造。在揭示奥秘的语境中，孩子可以长得像母亲、父亲、（外）祖父母或不像任何人。可是，在日常的世界中，一个男人必须致力于建立对他的孩子的主导性接触，即使这意味着压制一个女人的生育能力，指控她通奸，或拒绝承认他的后代，即使和他长得很像。[15]

在《古兰经》中，只有上帝对子宫及其内容拥有无限的权力，但在俗世有关遗传学的讨论中，男人被推崇为第二个上帝。男人们无法自己生育后代的观念，导致了将子宫作为男性精子的被动储存库的解释的出现。在世界三大一神教中，我们都可以找到相关神学陈述，其中明显忽略夏娃或她对整个生育过程的贡献，同时热切地确证所有人都来自亚当，或确认他的脊椎包含“人类的伟大源泉”。[16] 第一个被

15　Kueny 2013: 52ff. 大量中世纪伊斯兰教的观念见她的精彩著作 *Conceiving Identities* 的第 2 章，“Mapping the Maternal Body”。

16　大量信息见 *Overal Adam en Eva*，亦见 Robert McElvaine, *Eve's Seed*, 2001。

创造出的人必须拥有权力，这权力凌驾于后来被创造出的那个人之上。犹太教、基督教和伊斯兰教神学家一直重复这一格言，这一格言建立在对夏娃来自亚当的肋骨或直接来自亚当的身体这一故事的常见诠释之上。

不仅是在亚当和夏娃的故事里，在世界其他地方，男人们所期望的社会等级结构在许多方面都得到了确认。女性的身体被削弱为一个幼小生命的运送者，幼小生命由男人带进她已预备好的空间。没有种子，就无法怀孕。在紧急情况下，一个动物的子宫可以代替女性子宫的功能。例如，在一个印度故事中，第一个男人在第一个女人死去后极度孤独，留给他的只有他的母牛和一床薄毯。一天夜里，他在梦遗中失去了他的“种子”。第二天早晨，他在房顶上摊开毯子晾晒，母牛把毯子从屋顶上扯了下来，吃掉它并怀孕了。然后，它生下一个男孩和一个女孩——没有人类母亲的他们成了加达巴人（Gadaba）的第一批祖先。[17]

科学被祖先的故事和普遍的社会价值激发，也坚持某些观念。这一段历史迷人而有启发性，并且反映了千百年来亚里士多德观点的强大吸引力。直到 17 世纪，受人尊敬的西方学者都固守这样一个观念：是男人将人类的生命（或者灵魂，人类最优秀的部分）放入子宫，或者他们放进子宫的也可能是一个完整的、未出生的孩子。荷兰科学家安

17　Elwin, 1949:35.

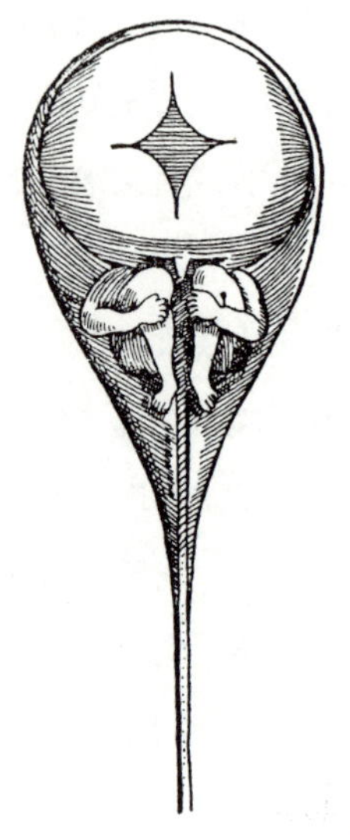

精子里有小人的画。尼古拉斯·哈索克（Nicolaas Hartsoeker，1656—1725）

东尼·范·列文虎克（Antoni van Leeuwenhoek，1632—1723）把自己的精子放在显微镜下，观察它们的运动。他和亚里士多德具有相同的倾向：（他和他的很多前辈一样）认为生命来自男性的生殖细胞，而女性的子宫只是提供了养分。直到他在代尔夫特（Delft）大学的同事雷尼埃·德·格拉夫（Reinier de Graaf，1641—1673）精心研究了一次异位妊娠，才证明了女性身体中有自己的卵细胞。于是最终，无可辩驳的事实证明，女性的生殖细胞也对受孕和妊娠有所贡献。他的结论很快被其他几人证实，激发了一场紧张的学术辩论，内容关于精子到底是否比女性卵细胞对形成胚胎的贡献更大。很明显，辩论的结果涉及利益冲突。甚至到 18 世纪早

精子里有小人的画。戴尔帕提斯（Dalempatius，1670—1741）

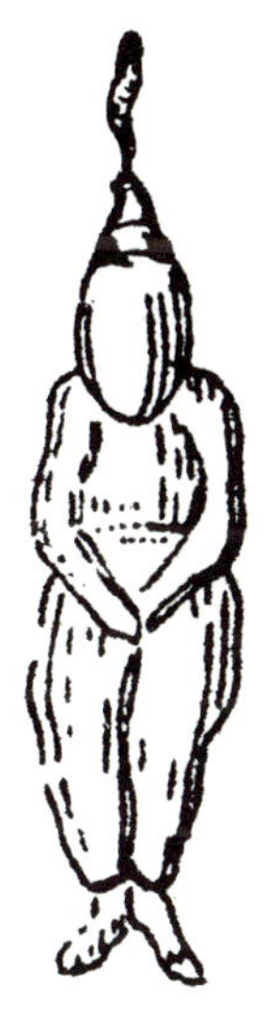

期，很多科学家还继续声称，在显微镜下，他们曾在蠕动的精子中看到极小的人类，有着完整的四肢和头颅。[18] 他们甚至还提供素描向人们证明他们是正确的。

人类学家弗朗索瓦·艾希提耶（Françoise Héritier）在她的《男性 / 女性》（*Masculin / féminin*）这本信息丰富的著作中，研究了对男人的欣赏和对女人的欣赏各自不同的源头。她承认各种文化中的巨大不同，同时也注意到在世界各地，权力都曾经（而且往往依旧）建立在“对生育，因此也就是

18　Needham 183ev. Hartsoeker 的素描在第 184 页。Francois de Plantade（笔名 Dalempatius）的素描模仿 Antoni van Leeuwenhoek，见 183 页。

对女性生育力，尤其是女性为自己无法生育的男人生儿子的能力的管理”之上。[19] 纵观人类历史，这一难以彻底理解的对优势地位和掌控的需要，令利益相关的各个群体始终无法进行没有成见的、公正的研究。

恋爱关系及其后果

大多数创世神话中，人们对性的乐趣缺乏兴趣，其中主要的信息都与繁殖相关。如《创世纪》所说，第一批人类必须繁衍，让人数增加。在一个几乎完全空寂的世界里，这非常容易理解。

神话一般不会详细讨论两性发生性关系的不同结果，但全世界的格言都用令人厌恶的比喻来警告女孩子们：一个男人可以不受惩罚，但女人们无法将怀孕一事保密，就像人们不能隐藏他们的爱、咳嗽、驼背那样。这里还有其他几条谚语：

> 母牛可以偷偷怀上公牛，但必须公开生产。[库尔德人（Kurdish）]
>
> 舌头会显示它刚吃了什么。[隆达人（Lunda）]

---

19 Françoise Héritier, *Masculin/Féminin II. Dissoudre la hiérarchie*, 2002: 288.

起火和女孩怀孕没法保密。[卢旺达人（Rwanda）]

爱、怀孕和登山没法隐藏。（埃及阿拉伯人）

在乌干达（Uganda），因为生育率较低，女性有时被比喻为一片土豆田，“你只能偶尔从那里收获一两个土豆”。更常见的比喻是被合法的主人装满的罐子、碗或袋子——并且在特定的时候被清空。然而，谁是主人？生出来的孩子是谁的？“一个女孩就像一颗花生种子，她让家族壮大。”刚果沃由人（Woyo）的传统就是这样的：她对于孕育后代这件事是无价的，她的孩子们属于整个社区。在个人主义日益增长的时代，这个想法正在失去其社区价值。

在达累斯萨拉姆（Dar es Salaam），我听到两个非洲同事之间的对话，对话是关于离婚后谁应该拥有孩子抚养权这个问题的。其中一个男人说：“他们当然应该跟着男人，因为他们被造出来的时候男人是在上面的。”所有人都笑了，可当我问他是不是认真的时，他说：“是，在我的传统中，孩子们总是跟着男人的。”在我曾经生活的刚果，这一不成文的规则亦经常被付诸实践。

直到近代，在男人外出挣钱、女人在内照顾家庭这一传统观念的影响下，西方世界的夫妻离婚后，孩子被自动判给父亲仍然是很常见的，但现在这已经不再是一成不变的结果了。在传统性别分界受到质疑的现代社会，法官一般把孩子判给多年来看上去表现得更为慈爱的那一方。

母鸡与公鸡——夫妻模式范本

女性有义务保持贞洁，这曾经且至今依然是很多社会中一个无法动摇的婚姻准则：服从这一准则成为婚姻和母亲身份的必然要求。莎拉·布拉弗·赫迪（Sarah Blaffer Hrdy）在她的《母性》（*Mother Nature*，1990）一书中解释说，人们用诡计来说服女人，女性的贞洁是好母亲的同义词，为的是让女人相信自己后代的地位取决于自己的“美德”。

这一信息在广泛使用的关于母鸡和公鸡的比喻中得到强调。人们期待中的女性特质被投射在母鸡身上，而假定的普遍男性特质被投射在公鸡身上。背叛自己雌性伴侣的公鸡得到了很多理解，它们放荡的天性收获了不少同情。同情者辩称，它们不管老少都一样，不是吗？可是公鸡拒绝和自己一同进食但为别的公鸡下蛋的母鸡。理想的状态是，母鸡们只和“自己的公鸡”交配，并满足于她们的身份：她们唯一的公鸡的多个伴侣之一。鉴于不可能在没有他的情况下存活下去，一只明智的母鸡通常极力避免争吵，并在家中保持顺从。有很多比喻描述她为所有小鸡提供温暖的羽毛和翅膀，这些比喻体现了她的母爱。至于大声说话这一点：公鸡负责打鸣，母鸡应该保持沉默，因为角色对调会导致房子“倒塌”（日本），家庭“毁灭”（中国）。什么叫智慧？“清晨降临时母鸡是知道的，但她只是看着公鸡的喙。”阿散蒂人（Ashanti）的谚语这么说。换言之，即让他负责表达的部分，因为她已经负责下蛋了。一切事物必须遵循既定的规则，不能失控。性别模式不支持其他形式。请上帝拯救这个母鸡在负责打鸣，而公鸡在照顾小鸡的可怜鸡棚吧！——很大程度上，正是由于这种流行的比喻，预设的“自然”角色被强加到所有人头上。

当代有关自然的纪录片进一步强化了这种僵化的区分男女的行为模式。当讨论交配时，画外音会告诉我们雄性试图在植入自己的精子之前除去对手的精子，而对在趣味性方面毫不逊色的雌性的性生活则没有任何评论：“我们看到几乎千篇一律的‘占主导地位的’雄性对自己领地的保卫，在接触雌性时雄性之间的等级关系，以及其多个雌性配偶的存在。我们听到了雌性（和年轻的雄性）被假定的服从姿态，也听到了无穷无尽的关于营造家庭以及对父职、母职进行规定的例子。”[20]

在人与人之间的关系建立在源自动物世界的本能之上的地方，性被简化为繁衍后代的手段——这其中没有对“自然的”主导、侵犯和声称另一方为自己的所有物这种观点的批判。

20 Rosalind Coward, *Female Desire* 1984:212ev.

罗马赤陶还愿供品，一个怀孕的女人。
英格兰出土，约公元前 100 年—公元 200 年

安全的生育和充满感情的结合

怀孕和分娩一直是导致女人和儿童死亡的最为惊人的原因之一。即使是现在，生育也是一种冒险的行为：根据无国界医生组织（Doctors Without Borders）2013 年的统计，在阿富汗，每 10 万个女性中就有 460 人死于生育；在苏丹，这个数字达到了 2054 人；在荷兰，这个数字降至 6 人。[21]

几千年前，苏美尔人已经表达了他们对一个女人频繁生育的危险命运的担忧："一个生了八个儿子的母亲虚弱地躺着。"无怪乎这种能生养的女人会恐惧下一次怀孕。坦桑尼亚的哈亚人（Yaya）在第八次生产时表达了反对意见："那个说'我生孩子多棒多容易'的女人，在生第九个孩子的时候死了。"确实，在德国人的古老智慧中，怀孕的女人是一只脚迈进了坟墓的。越南人则告诫："一个怀孕的女人相当于站在墓地的边缘。"说帕皮阿门托语（Papiamentu）的人们过去也常常担心母亲会因生产最后一个孩子而死。尽管大多数女人和男人都想要孩子，但他们的需求也不是毫无限制的，人们会疑惑以下的谚语是否都是积极正面的：

> 两个人能制造十个人。（蒙古）
>
> 头顶噩运之星的女人，一年能生两个孩子。[阿富汗

21 更多信息见 https://www.womanstats.org/substatics/MaternalMortality2015copy2.jpg。

普什图（Pashto）]

每年生一个孩子，九年后就有十二个。（保加利亚）

尽管如此，还是有不少“男性创造了很多后代”的吹嘘。事实上，男人在成为父亲的那一刻没有任何风险。相反，“做父亲的，永远不死”还成为一句洋洋得意的阿拉伯谚语。在男性不死的这个领域中，摩洛哥穆雷·伊斯梅尔（Moulay Ismail，1646—1727）的例子非常独特。他在三个月中成为40个儿子的父亲，这是一个绝对的记录，正如他的众多妻妾为他耐心地生下了888个孩子一样令人印象深刻。他的第700个儿子生于1721年。由于这一“无敌的”男性成就，穆雷·伊斯梅尔在摩洛哥作为有史以来孩子最多的人而闻名。他死后，为了纪念他，人们在梅克内斯（Meknès）建了一座美丽的陵墓。也有人说，“绝对的父亲冠军”还不是他，有位父亲曾生了一千多个孩子。这种事“永远都有更大的鱼”[22]，但有一件事是绝对可以肯定的：生育后代从来不是这些男人死亡的直接原因。

子宫的历史充满了欲望、不安全、不信任、怀疑、名声问题、无法预见的惊喜和不可预料的风险，这些决定了女人们和她们合法的或不合法的伴侣的人生——直到20世纪中期避孕药的发明。20世纪50年代的美国开出了第一张

22 即总会有打破纪录的人。——译者注

避孕药的处方，目的是治疗月经不调，其副作用是“短期不孕”。这一副作用看起来如此令人渴望，以至于为月经问题造访家庭医生的女人一度数量惊人。在荷兰，避孕药在 1962 年进入市场；从 1964 年起，有医生处方就可以买到。

但这并不意味着男人对女性性权利的控制不再出现在生育日程上。伦敦一个土耳其餐馆的老板极为尴尬地和我分享了他父亲最喜欢的俗语：“一根棍子在背上，一个孩子在子宫里。”而且他恳求我相信他根本不赞成他父亲的观点。他一直解释说，在他出生的国家，男人们“曾经”相信这是唯一控制女人的方式。引用这一俗语的男人们肯定曾经真的害怕女性的力量。而且很可能他们如今依然害怕，因为类似的传统观点从未消失，甚至还十分流行，至少埃尔多安（Erdogan）总统的支持者当中很多人是这样。

2014 年，这位土耳其总统告诉女人们，她们和男人是不平等的，她们应该生“至少”三个孩子。在 2016 年，他在一个教育基金会上进行了一次全国性的电视演讲，再次敦促女人们生更多的孩子：穆斯林家庭不应该采取避孕措施，“我们应该增加后代，我们应该让人口增长。计划生育和避孕不是穆斯林家庭应该付诸实践的事情”。生育控制和穆斯林的传统是相悖的。“一个孩子在子宫里”的思想占用了女人们的身体，却没有考虑她们自己在这个问题上的立场。[23]

---

23 https://www.independent.co.uk/news/world/europe/turkish-president-recep-tayyip-erdogan-says-no-muslimfamily-should-use-contraception-a7056816.html.

著名的罗马天主教牧师们也禁用避孕药——他们没有问过男人们或女人们，这是否对他们是最有利的做法。那些固守着来自遥远的过去的教条的人，为什么在面对今天的信徒的焦虑和困境时选择失明？

有了安全的避孕法，人们就有可能决定家庭的人数，避免十几岁的少女在怀孕、分娩中死亡，和数以百万计的、父母本不想要的孩子出生。没有怀孕风险的、充满感情的结合意味着父母想要的孩子能得到精心的照顾和一个适合生存的未来的机会。因为人类已经充分地执行了“多产和繁衍”的命令，人类的性最终可以脱离其原始目的——生育。

MAGIC OF THE NOURISHING NIPPLE

7

哺乳的魔法

不管你从乳房里吸出的是什么，它都会洒在你的坟墓上。（玻利维亚，西班牙语）

母神或贞女玛利亚这类特别的女人的乳汁，明显具有奇迹般的力量。此外，在多种文化中，人们还相信普通女人的乳汁也具有魔力。母乳是神圣的，某句蒙古格言就想让我们相信这一点。这种信仰可能太过头了，但母乳喂养会传递好的或坏的品质这一想法却被广泛传播。

从乳头到坟墓

在古罗马，女奴隶常被当作乳母用，不过在一个特殊的“里程碑”——一个叫哥伦那·拉克塔里亚（Columna lactaria）、意为“乳汁之柱”的地方，也有可租用的职业乳母。这些女人为她们的职业而自豪，甚至由于她们的地位，她们还可以在工资方面讨价还价。罗马平民对希腊乳母的需求量特别大，因为他们相信通过吸吮希腊乳母的乳汁，婴儿可以吸取乳母的语言。这样，除了拉丁语，孩子还可以说流利的希腊语。

17世纪的荷兰诗人雅各布·卡茨（Jacob Cats）认为，一个吸吮过“陌生人”乳汁的孩子会获得“奇怪的”特质。一个体面女人的女儿如果吃了乳母“可疑的”乳汁，她很快就会发现，她的女儿也因此摄入了某种“可疑的”特质。换言之，一个真正的母亲永远不会信任别人来尽她母亲的职责。他在一首诗中忠告所有的年轻母亲为自己的婴儿哺乳：

> 噢，年轻的妻子，利用你珍贵的礼物
> 一个正直的男人最想看到的不是别的
> 而是他亲爱的妻子将孩子举到乳头前
> 你拥有的乳房，涨满了生命力
> 如此精致，就像象牙制的球。[1]

在乳汁影响孩子的精神这个观点上，雅各布·卡茨绝非个例：这个信念曾广泛传播。在19世纪的法国，甚至有一个法案阻止名誉不佳的母亲为自己的婴儿哺乳。

穆斯林中也有一种传统的、对“陌生”母乳的排斥——犹太人或基督徒的，或者用个更糟糕的词，“异教徒”（卡菲尔，kafir）的乳汁，会将婴儿也变成异教徒。所以，当一个穆斯林母亲无法给自己的婴儿哺乳时，雇佣的乳母也必须满足其他一些要求。例如，乳汁必须是符合伊斯兰教教规的。这是他们的观点，但没有哪家“现代母乳银行”能完全保证她们的乳汁有伊斯兰源头。

---

1 Jacob Cats, *Moeder, Houwelijck*（Simon Schama 译），引自 Hufton, *The Prospect Before Her* 1996: 200。

在土耳其，饮用捐赠的乳汁被认为可以显著降低孩子的死亡率（一年约 9000 人）。然而，一个曾由无神论者哺乳的孩子是否注定会成长为一个异教徒？伊斯兰学者和医生还在争论这个问题。婴儿被他们从乳头里吸吮出的一切所影响，这一古老信念历史悠久，不只流行于伊斯兰文化中。

两种乳房

在欧洲文艺复兴时期，家庭富裕的女人们拒绝为自己的孩子哺乳。“在这个乳房的色情内涵开始让其母性功能部分失色的世纪，很多上流社会的女士干脆不愿把自己全身心地奉献给孩子，因为不希望因此牺牲她们与丈夫的关系，更不用提她们的情人了。”玛丽莲 · 雅洛姆（Marilyn Yalom）如是写道。所以她们开心地雇佣乳母，不过也因此承受了沉重的压力：

> 将婴儿送到乡村乳母那里的做法被整个欧洲的医生、人文学家、神父、传教士和其他道德家严厉谴责。文艺复兴时期涌现了大量文献，它们声称哺乳是母亲的责任，使用乳母是对生物学母亲的一个冒险的替代。……一些道德裁判者甚至到了将拒绝为自己的孩子哺乳称为罪恶的地

> 步，尤其是在德国和英格兰等国家，这些国家的新教改革者正在呼吁更为严苛的道德观。[2]

但是，出于对乳房下垂的恐惧，很多女人把她们的婴儿送到乡下长达 24 个月。只有在上层阶级家庭中，乳母才会到雇主的家里生活。弗朗索瓦 · 克鲁埃（François Clouet）的名画《沐浴的贵妇》（*La Dame au bain*，1571 年）不仅反映了当时的阶级差异，而且反映了色情化的乳房和哺乳的乳房之间的对比。在这幅画的前景中，两段低垂的红色帷幕中间立着一个栗色的浴缸，浴缸里坐着一位不知名的贵妇——很可能是苏格兰女王玛丽 · 斯图尔特（Mary Stuart）。她发间戴着一顶王冠，前额垂着一颗珍珠。她有着吸引人的、相对较小的裸露的乳房；而由于雇佣了在她右后方的那位乳母，她的乳房得以保持着年轻的形状。这位乳母巨大的乳房上有一个襁褓中的婴儿。一个年轻的女仆在为这位气度不凡的贵妇加热浴缸里的水。在这里，浴缸里的女人的乳房是为了愉悦而存在的，乳母的则是为了每天的面包。（彩插图 13）

婴儿配方奶产业直到 20 世纪初才开始出现。过去，当乳母一般是一种爱的劳动，随着需求量飙升，这份工作的薪酬也随之提高。这使得很多女人得以靠推销她们正分泌乳汁的乳房以谋生。婴儿的父母越有钱，乳母就越有地位和影响力：

2 Yalom 70-71.

> 那些身处顶层的，例如隶属于法老家庭的乳母，和高贵的官廷贵妇地位相当，掌控着重要的权力网络。法国王后们的乳母享有各种特权，包括“乳房夫人”（Madame Poitrine）的头衔。在君主制废除后很久，一些法国家庭还顶着这个头衔，如同代表荣誉的徽章。[3]

《母乳喂养的政治学》（*The Politics of Breastfeeding*，2009年）一书的作者加布里埃尔·帕尔默（Gabrielle Palmer）发现，在17、18世纪的英格兰，做乳母是一份很棒的工作，一个女人凭借此份工作可以获得比她丈夫还高的工资收入。一个王室的乳母会“终生”受到尊重。在英格兰，一位传奇的乳母每天可以不费力地挤出差不多两公升（四品脱）乳汁；1831年她81岁生日的时候，依旧可以挤出乳汁。[4]

乳母这一职业可以追溯到古代。在美索不达米亚，一个乳母通常会被雇佣两到三年，薪酬可以任何自然物的形式支付——大麦、油、羊毛，甚至银子。一句古苏美尔俗语甚至宣称乳母们在内庭中决定了国王们的命运。这可能看起来很夸张，但它确实显示这些女人有着重大的责任。如果一个婴儿在乳母看护的时候就死了，乳母会马上被预设为在没有得到其父母同意的情况下接纳了别的婴儿，导致其未能尽职

3 Yalom 160.

4 Viv Groskop: https://www.theguardian.com/society/2007/jan/05/health.medicineandhealthbid.

照料这个死去的孩子。如果指控得到证实，《汉谟拉比法典》（约公元前 1780 年）会严厉地惩罚这个乳母：她的乳房会被切掉。[5]

中国存在着类似的乳母传统。末代皇帝溥仪（1906—1967）在还是个小孩子的时候突然被立为帝，在登基大典上他极为不悦。他的乳母王焦氏是唯一能安抚他的人，由于哺乳，他们之间建立了亲密的关系。

在美国，由于好莱坞名人中很多不愿意哺乳或因为隆胸无法哺乳，她们对提供母乳的保姆的需求也在增长。但是，这在美国需要执照，因为外人哺乳作为一项服务可能被认为是虐待儿童。一个俄克拉何马州的女人因为在因道德败坏被判处一年徒刑后为别人的孩子哺乳，被罚款 500 美金。[6]

深不可测的母亲们

从尼日利亚约鲁巴人（Yoruba）崇敬的母神叶玛亚（Jemaya）的乳房里涌出了所有的河流，它们滋润着大地，但男性对代表神圣的、滋养的乳房的迷恋伴随着复杂的感情。她值得尊敬，但作为一切液体的母亲，她始终是一个变

---

5 Marten Stol, *Women in the Ancient Near East*, 2016.

6 Groskop, 同上。

化无常的生物，靠近她需要小心。一首约鲁巴老歌曾提到“母亲”的力量，这里的“母亲”是一个集合名词。这首歌承认年长的、已成为祖先的或被神化的女人们的特别力量，正如一首充满潜在焦虑的歌谣所唱的那样：

荣耀，今天的荣耀，噢噢噢噢噢噢……

我荣耀的母亲……

母亲，她的阴道造成所有人的恐惧。

……母亲，她设下一个陷阱，设下一个陷阱……[7]

那可怕的阴道指的是对生命的原初通道和对前面讨论过的、危难之时的传统“诅咒”的恐惧（如第5章所讨论的），这些也在约鲁巴的传统中被实践着。

弗洛伊德将母神和孩子最早的发育阶段联系起来：在孩子的体验中，母亲是欲望满足或禁欲的源头，因此造成的对性欲的贪婪，有时会在后来的人生中通过具有攻击性的口欲施/虐口唇攻击表现出来。

梅兰妮·克莱恩（Melanie Klein）重写了弗洛伊德的一些有关乳房和孩子的自我发展的观点。在她看来，乳房是孩子的人生中第一个重要的经验，这使他将父亲的角色边缘

7　A.B. Ellis, *The Yoruba-speaking Peoples*, 1894: 43-44; Drewal in *African Arts 7* (2), 1974: 60.

化。对于一个婴儿来说，母亲在一开始时就等同于两只乳房：它们出现又消失，婴儿没有丝毫控制它们来去的能力。据克莱恩的观点，孩子的第一个心理活动由投射在乳房上的幻想组成，因此有必要详细分析他们对渴望的乳房的嫉妒和仇恨。一个婴儿在乳房被移开时产生了早期的恐惧，正如早期某个令人沮丧的经历妨碍了身体或心理上的满足一样。克莱恩将慷慨的“好”乳房和拒绝别人、将乳汁留给自己的“坏”乳房区分开：

> 现在，可能被称为“好”乳房的，成了整个人生中让人觉得好和善的原型，“坏”乳房则代表一切邪恶和残害。其理由可以解释为：当孩子开始仇恨拒绝别人的或“坏”的乳房时，他就将自己一切活跃的恨都归于乳房自身——这是一种叫作“投射”（projection）的行为模式。[8]

沮丧的婴儿在最早的幻想中想要疯狂吸吮母亲的乳汁：他是否想象他在摧毁母亲？借此，他将敌意转向母亲，同时也恐惧被母亲伤害。一个饥饿的婴儿，总是渴望着那个能够与母亲的乳房重聚的、已经失去的天堂，他永远无法摆脱对他没有她不行、而她可以没有他这个事实的焦虑。

如果有关男性创造者、男性神圣的乳房和怀孕的故事

8 Melanie Klein, in: Simon Richter, *Missing the Breast*, 2006: 61.

一座“哺乳中的母亲”的小雕像。对彭巴(Phemba)的生育崇拜。刚果马永贝(Mayombe)地区

代表了被压抑的、生育和哺乳的愿望，那么好消息是，距这一愿望的实现已经很近了。即使只有跨性别者——生为女性然后变为男性的人——可以怀孕，未来也不是只有女人能感受到并在身体里孕育新生命。这可能意味着男人们和女人们早晚会真正互相分担生育、哺乳和其他照料婴儿的工作。在20世纪90年代，生理学家和进化生物学家贾雷德·戴蒙德(Jared Diamond)预言人类是“雄性哺乳的头号候选人”，因为用手刺激一个父亲的乳头并伴以荷尔蒙注射，会刺激其正

在休眠但确实存在的、制造乳汁的潜能。[9]

哺乳的父亲的身份包括了对开启新平衡的承诺，这将是终结破坏两性和谐的古老不公的开始。2016 年，一些地区的年轻男性已经开始这种实践：他们把假婴儿放到他们裸露的男性乳房上——虽然只是在母亲节那天。

9 Jared Diamond quoted in Richter 8-9. http://pulse.ng/gist/in-china-men-experience-pains-of-child-birthbreastfeeding-at-event-photos-id5021870.html; http://www.volkskrant.nl/archief/-zwangerschap-mannen-wordtzeker-mogelijk~a542930/.

POWER AND POWERLESSNES

有权与无权

被折磨的卡塔尼亚的圣阿加莎（Saint Agatha of Catania），西西里（Sicily），北荷兰，海牙皇家图书馆。中世纪手稿，约 1390 年—1400 年

VIOLENCE: ‘SHE KNOWS WHY’

8

暴力：“她知道为什么”

> 哦，圣阿加莎，你承受了不受欢迎的追求者令人生厌的求欢，为了对我们的主的忠诚，你忍受着痛苦和折磨，我们赞美你的忠诚、尊严和殉难。请保护我们免于强奸和其他侵害，守卫我们免于乳腺癌和其他女人会遭受的痛苦，并启发我们战胜苦难。[1]

由于对预设的女性的不忠或被抛弃的恐惧，男性针对女性的暴力在这世上似乎无处不在。出于对无法控制的女人的性权利和生育能力的恐惧，男性对子宫的控制被广泛呈现为一种绝对的必要。一些男性声称，没有他们的介入，世界会变成一团巨大的、不受控制的混乱。

贪婪吞食的母亲

许多不同的起源神话里都有最初的祖先们“打破”一个容器——葫芦、瓶子、罐子或是蛋——而出生的情节。在故事中，葫芦指的既是充足的繁殖力，也指贪婪的威胁。丹尼斯·波尔姆（Denise Paulme）在她的精彩著作《贪婪吞食的母亲》（*La mère dévorante*）中分析了以无法控制的葫芦为

---

1 https://www.catholicculture.org/culture/liturgicalyear/calendar/day.cfm?date=2016-02-05.

主题的非洲故事的多个版本。它吞下所有的东西和人，直到一只公羊用有力的角成功地把这个贪吃的怪物撞裂，把困在里面的所有生物都放出来：葫芦令人恐慌的贪婪吞食行为只能由一个可以拯救一切的雄性要素—— 一只具有雄性气概的公羊或是一个肌肉发达的伐木工人——来解决。[2]

从积极意义上说，葫芦象征着理想的母亲，但女性的怀孕经历也造成了男性对补偿的需要。男性的优势主要表现在家庭以外，在“女性最好被排除在外的、公共生活的领域”。这些故事里满是男性创造的秩序战胜女性造成的混乱的事件和把戏。[3]

那些想令生育的特权受到控制的人通常会采用如下措施：一方面在任何可能的地方贬低女人；另一方面警告人们注意女人所拥有的、具有破坏性的力量。男人和女人们的大量相似之处被忽视，因为对两性差别的强调可以使等级制度保持完好。

贪婪吞食的葫芦反映了对不受控制的妻子们和贪婪的子宫的恐惧，这种恐惧也反映在心理分析的实践中。对控制女性力量的需要导致了对成功女性具有攻击性的评论，也不幸导致了极端的身体暴力。[4]

---

2 Denise Paulme, *La m you are youère list of the dévorante*, 1975.

3 Paulme 282; Héritier II: 131-2.

4 Jean Cournut, *Pourquoi les hommes ont peur des femmes. Essai sur le féminin érotico-maternel*, 2015; Lederer o.c. passim.

在大门之后

针对女性的暴力始终存在。这一人性的弱点源自一个事实：男人们通常身体较为强壮，且通过狩猎锻炼出了更有力的肌肉，而怀孕的或被孩子环绕的女人们则要依赖这样一个“保护者”。为什么这种暴力在相对安全的社会里仍未停止？换句话说，为什么它从未停止？

进化心理学试图寻找这一问题的答案，得出的结论是性强迫行为和攻击性的结合调制出了“危险的鸡尾酒”：

> 女性遭遇身体上的，甚至是致命暴力的概率，与其伴侣的自我价值成正比：年纪更轻、更有吸引力的女性比年纪更大、更没有吸引力的女性更容易被她们的伴侣虐待。当这个女人比她的伴侣年轻许多时尤其如此，因为她的年纪使她更容易找到有吸引力的伴侣……这种暴力行为的模式和世界各地的年轻男性更具有攻击性和易犯下最严重的暴力罪行的普遍事实……完美符合性选择理论。[5]

传统上，有生育能力的女性往往受到多方面的限制，绝经后的女性则有更多的自由，有时甚至被允许“像一个男人那样喝啤酒”，这是干达人（Ganda）用来定义两者区

---

5 Griet Vandermassen, *Darwin voor dames*, 2005:168-169.

别的谚语。尽管文化和宗教背景不同，纵观人类历史，强加于女性的约束却非常相似。格里特·范德马森（Griet Vandermassen）概括得很恰当：

> 这些现象包括面纱、头巾、深闺幽居、禁锢、阴部扣锁、阴蒂切除、女伴陪护；对女性贞节的高度评价或要求；将女性视作私有财产，将通奸或强奸视为对私有财产的侵犯的观念；对娼妓的蔑视；将“保护女人”等同于“保护她们免于性接触”的做法；以及将被配偶、女儿或姐妹的“放荡”行为激发的男性暴力合理化的法律。[6]

各种新旧事例说明，妻子和情人们经常被自动当成丈夫的所有物。在中国明代（1368—1644），一些家庭经验丰富的家长会撰写私密日记，于其中记录他们有关家庭内部夫妻生活的观念。这些书中的一个片段被保留了下来。一位不知名的作者写道：每个人都有缺点，包括女人，她们必须被训诫；一个不改变自己生活的女人甚至该打。她必须趴在长凳上，解开裤子，按规矩在臀部被打五到六下——不是后背也不是大腿。

> 间有责妾，每必褪裸束缚挂柱，上鞭下捶，甚至肉烂血流，是乃害彼害我，以闺门为刑房，不可不慎也。[7]

---

6 范德马森语，引文来源：Griet Vandermassen, *Darwin voor dames*, 2005:168-169。

7 Van Gulik 269.

谚语“定期打你的妻子，如果你不知道为什么，她会知道为什么”在西非依旧流行。我在达喀尔（Dakar）第一次听到这句谚语时，它被当作一句玩笑话来引用。我的沃洛夫语（Wolof）翻译向我保证，它源自阿拉伯。欧洲一个类似的例子是伊比利亚（Iberian）的这句话：“要想让你的妻子保持言行合乎规矩，打她；如果她行为不轨，打她。”这句话反映了和西非的例子相同的心理，它在很久以前被来自西班牙的定居者带到美洲并顺利融入了波多黎各的口头传统。几乎每个地方的谚语都在鼓吹针对女人的暴力并丝毫不以为耻：

> 对于殴打自己妻子的人，上帝会改善他们的伙食。（俄罗斯）
>
> 女人和肉排，你打得越多就越可口。（德国）
>
> 女人、狗和核桃树，打得越多就越好。（西欧和美国）
>
> 好老婆是打出来的。（中国）
>
> 挨过打的女人会成为更好的妻子。（韩国）
>
> 车上的钉子和女人的脑袋只有被狠狠地打才会管用。[印度拉贾斯坦族（Rajasthani）][8]

8　有关谚语中的暴力，见 *Never Marry a Woman with Big Feet* 第 4 章。世界范围内有关暴力的谚语，见 www.womeninproverbsworldwide.com。

这种刺耳的表达可能看起来像是狠话或虚张声势，为的是给朋友们留下深刻印象，但对女性身体上的暴力却从来不只是男性的自我吹嘘。在作为妻子和女儿“合法主人”的男人接受的教育中，针对女性的暴力是施展自己权威的一部分。许多有关侵害女性——尤其是妻子——的谚语反映了这一“传统”心理的逻辑，没有一丝含蓄或羞愧。如今，依然有很多女人被男人打，主要是被亲密的伴侣或近亲打，这一现象已被联合国的多个研究确认。[9]

女人在如下环境中通常会面临更多的危险：

1. 男人拥有比女人更高的地位；

2. 伴侣本身有家暴史；

3. 主张男性暴力的意识形态；

4. 女人几乎或完全没有从事有偿工作的渠道；

5. 男人有极端控制欲；

6. 对家族荣誉根深蒂固的信仰，以及对违背家族荣誉的事件负有沉重的责任；

7. 对性暴力的法律制裁很薄弱。[10]

大量谚语确认了针对女性的暴力是一个从远古流传至

---

9 http://www.unwomen.org/en/what-we-do/ending-violence-against-women/facts-and-figures.

10 http://www.who.int/mediacentre/factsheets/fs239/en/, 2017 年 11 月更新。

今的传统。它肯定并非像西班牙主教们在 2005 年声称的那样，是“20 世纪 60 年代末期性解放的苦果”。当时西班牙政府终于开始着手打击国内臭名昭著的男性暴力事件。一位西班牙大主教沿着与这些主教们相同的思路，在 2016 年声明家庭暴力是由女性要求离婚造成的——在一个 43 岁的女人被她 41 岁的丈夫勒死后，他认为自己有义务做出这个声明。[11]

幸运的是，也有持其他言论立场的宗教人士。在 20 世纪 90 年代，牧师们公开谴责了针对女性的暴力之后，美国罗马天主教主教团（Roman Catholic Bishops’ Conference）于 2002 年正式公开发声来反对针对女性的暴力：“我们尽我们所能，清楚、强有力地声明：针对女性的暴力，无论在家庭之中或之外，从未被合理化。任何形式的暴力——身体的、性方面的、心理的或者语言的——都是罪恶的，通常也是犯罪。我们呼吁以道德革命取代暴力文化。我们承认暴力有很多形式、很多原因、很多受害者，有男人也有女人。罗马教廷教导说：以任何形式针对另一个人的暴力，都是因为没有将这个人当作值得爱的人来对待。相反，它把这个人当作被使用的物品。……暴力可能针对男人，但更多地倾向于伤害

11 https://www.huffingtonpost.com/entry/archbishop-domestic-violence-spain_us_568bc89ee4b06fa6888374d8.

女人和孩子。”[12]

今天，这类神职人员的正式声明非常重要，在伊斯兰教中也是一样。当代穆斯林和其他有影响力的神职人员每一个有力的、反对按字面意义接受旧时针对女性暴力的建议的请求，都对保护遭受伴侣侵害，甚至最终失去生命、成为牺牲品的当代女性做出了贡献。但残暴而不受约束的、针对女性的暴力的余响，还在世界各地继续回荡。

直到 20 世纪后半叶，大多数国家甚至还没有反对家庭暴力的法律。家庭暴力被视为正常的事，人们对此视而不见，因为“当丈夫和妻子吵架时，旁人要保持距离”（荷兰一句老话）。和当时的情形根本不同的是，现在很多国家立法反对暴力，而且对这一问题的讨论也比过去任何时候都更加公开。

战争期间的性侵害

迄今为止，我们述及的女孩和女人们只因为她们是女性而受到伤害的例子，都是在没有武装冲突的情况下发生的。

强奸在历史上经常出现，且在多数案例中，受害者往往必须比罪犯担负更多的责任。有些人把强奸视作男人控制

---

12 http://www.usccb.org/issues-and-action/marriage-and-family/marriage/domestic-violence/when-i-call-forhelp.cfm; https://en.wikipedia.org/wiki/United_States_Conference_of_Catholic_Bishops.

女人的策略。对于女人，强奸造成的心灵上的创伤比“正常”的身体上的虐待留下的疤痕更令人痛苦。在战时，“普通的”不安全感会被严重放大，尤其是当强奸被当作一种武器时。在武装冲突中，女人和孩子一直是残忍性行为实施者容易获得的猎物。在内卡河（Neckar）上的德国小镇柯奈利亚（Cornelia），匈人（Huns）在阿提拉（Attila，406—453）的命令下杀光了所有男人，然后强奸了女人们。从那以后，这个古老的小镇就被叫作温普芬（Wimpfen），这个名字是从德语 Weiberpein（女人们的痛苦）一词演化而来的。

这种犯罪也发生在近代的历史中。第二次世界大战末期，一个国家的士兵强奸了约十万妇女，后来有几百名妇女自杀。她们认为自己失去了名誉，被（通常是她们自己的父亲）鼓励去自杀。那些妻子成为受害者的男人有的杀了全家然后自杀。一个被强奸了的女人通常被视为遭到玷污的女人。[13]

连续强奸是一种伤害性极强的武器，极大地羞辱了受害者及其家庭。直到近期，这一犯罪都没有被严肃对待，也没有被看作一种战争罪。战争地区的目击者不时掀起那依旧遮盖着大多数性犯罪的厚厚面纱的一角。这里有来自世界不同地方的三个例子：

一个卢旺达的受害者在卢旺达法庭作证时说：“如果你

13 Jolande Withuis 2017 年 11 月 25 日在《忠诚报》（*Trouw*）的报道。

现在听收音机，并听说在其他一些国家的战争中，强奸被用作一种武器，就会明白，沉默可以慢慢地杀死你。但当你讨论它时，伤口会逐渐愈合。”[14]

伊拉克性奴制度的受害者纳迪娅·穆拉德（Nadia Murad）决心告诉世界她在伊拉克所遭受的恐怖的一切：“……我愿意作证，告诉法庭他曾经对我和其他所有雅兹迪女孩做的事。”从2016年起，她开始担任联合国贩运人口幸存者尊严问题亲善大使。

极端残酷的缅甸军事暴力中的受害者、罗兴亚人（Rohingya）穆塔兹·贝古姆（Mumtaz Begum）同样拒绝保持沉默：“……我想告诉世界那些士兵所做的一切……他们强奸了我们，并杀死了我们。我们要正义。”[15]

从波斯尼亚塞尔维亚（Bosnian Serb）事件到叙利亚、伊拉克和刚果的战争，近期所有的冲突都显示了强奸依旧被用作一种武器。在南苏丹（South Sudan）内战中，不但敌对族群和犯罪团伙追捕女人和女孩们，南苏丹军队的士兵也在做同样的事——在军方高层的允许下——以此作为对未发军饷的补偿。

大多数女人对性暴力选择保持沉默，因为她们知道，

---

14 https://www.theguardian.com/film/2015/oct/09/rwanda-genocide-documentary-uncondemned-filmmakerdeath.

15 http://www.independent.co.uk/news/world/asia/rohingya-crisis-women-rape-muslims-burma-militarysoldiers-ethnic-cleansing-genocide-a8103441.html.

在过去，一旦这种坏消息为人所知，她们就会被她们的丈夫抛弃，被她们的社区驱逐。结果就是她们受到两次惩罚。[16]

迪乌多·哈马迪（Dieudo Hamadi）的精彩纪录片《上校夫人》（*Mama Colonel*）（2017 年阿姆斯特丹国际纪录片电影节）冲破了禁忌。这要感谢当时将被调往刚果基桑加尼（Kisangani）领导当地警方的奥诺里娜·玛尼欧尔（Honorine Manyole）。她带着扩音器到市场上，公开对市场上遭受精神创伤的女人们说：不要自己陷在里面出不来，来和我说说你身上发生了什么。摄像机扫过那些亲睹过无法想象的战争的恐怖的眼睛和被难以捉摸的悲痛摧残的脸。多亏了这位高级警官的耐心倾听，这些女人第一次遇到了一个可以理解战争中性暴力的恐怖在何等程度上完全毁掉了她们生活的人，一个真正认真对待她们的鲜血凝成的战争故事的人。这对于她们每一个个体来说都很重要，而把这类虐待公之于众，对于整个社会来说都是一种解放。

纵观这些国家的历史，大大小小的统治者总是认为臣民的身体和劳动力应当任由自己处置。他们似乎并不把属于下层群体、阶级、人种或性别的人看作和自己同样的人。战

16 OHCHR and UNMISS, ‘Violations and abuses of international human rights law and violations of international humanitarian rights law in the context of the fighting in Juba, South Sudan’, in July 2016 (January 2017); https://www.theguardian.com/global-development/2016/jul/29/women-south-sudan-raped-un-compoundjuba-kill-me-instead; http://www.independent.co.uk/topic/south-sudan.

时极为过分的暴行就是这一方面的极端例子。

在起源神话中，权力斗争反映了变化着的社会关系。对于针对占主导和优势地位的女性的暴力反映了（男性的）恐惧和不确定感。在巴比伦人的故事中，男神马尔杜克残杀了原始之母提阿玛特，这只是一个以惊人的方式显示谁才是管理者的例子。

掌权的人似乎不太倾向于考虑处于自己权力之下的人。美国心理学家达切尔·凯尔特纳（Dacher Keltner）在他的《权力的悖论》（*The Power Paradox*，2017 年）一书里称，权力使人缺乏同理心。在接受荷兰一家报纸采访时，他以唐纳德·特朗普（Donald Trump）为例："他的重点主要在保持权力。他做出冲动的决定、无礼的评论，讲述自吹自擂的故事——这一切都是滥用权力的表现，并且引起他人的压力和焦虑。压力是无权的突出特征。"[17]

在历史进程中，主导位置往往被男性占据。如果女性天然比男性更具有共情能力，那么她们发展出这样的能力是否主要是因为她们几乎或完全没有权力？如果社会顶层的女性在权力位置上继续培养和传播共情能力，不令这一才能在她们的权力增长的同时消失，那将是件极好的事——但人类的任何倾向对女性来说都不陌生。她们同样滥用权力，就如美国女兵对伊拉克和关塔那摩湾（Guantanamo Bay）的狱囚

---

17 《新鹿特丹商业报》（*NRC-Handelsblad*），2017 年 12 月 9—10 日。

所做的那样。在军队中，女人们同样要接受审讯技术特训，以羞辱来自伊斯兰教传统国家的男人们。[18]不，权力并不以男性生殖器为条件；同时，每个人走过这一生，都经受了很多侵害。但这并没有改变一个事实：迄今为止，男人强奸女人更多，而非相反。

强奸恶习是历史悠久的性别不平等传统的副产品。但流行文化、媒体、游戏、色情和广告图案经常通过把女人们想象为可供使用的肉体，来持续对性和性暴力作出回应。

男性对性的恐惧和无助会转化为蔑视和暴力，因为挫败感最好是施加在你有权力控制的人身上。在很多例子中，家庭成员，尤其是（外）祖父母和母亲似乎会在童婚、女孩生殖器的毁损以及不可动摇的传统和家庭荣誉造成的其他暴力中合作。或者当家庭的其他成员处于即将饿死的危险中时，他们会鼓励甚至强迫女孩子去卖淫。

回顾历史，我们会发现，现在与过去有一个显而易见的不同：有更多的暴力受害者发声，她们的声音，过去一直处于历史的掩盖中，现在则不那么频繁地被忽略、嘲笑、置之不理，或者被带着冷漠和怀疑打量。这是一个希望的标志。

---

18 Coco Fusco, *A Field Guide for Female Interrogators*, 2008.

AN EARLY HEAD START JEOPARDISED

9

早期的首领开始处于危险之中

一整晚的劳动，没想到最后却是一个女儿。（西班牙语）

姐姐说："我们真的什么都没有失去，因为我们全都记得……让他们拥有那一小部分。我们不是依旧神圣吗？我们还有子宫，不是吗？"妹妹同意她所说的。[乌兰巴（Wulamba）起源神话]

生命的混乱中包含了复杂矛盾的"我们—他们"的各种关系。在这些关系中，不同之处比相似之处得到更多的强调。不同之处在于社会性别、语言、文化、肤色、阶级、宗教等。让我们专注于社会性别的不同：年轻女孩和男孩们已经在互相比较着他们的不同，有时互相嫉妒。又或者，他们疑惑为什么他们无法既有阴茎又有子宫。弗洛伊德使阴茎嫉妒成为一个流行的概念，而子宫嫉妒也在一遍又一遍地上演。[1]

噢不……一个女孩

来自新几内亚的图案直白地表达了人们想要男性后代

1 如人类学家（如 Margaret Mead）和心理学家（如 Bettelheim）所指出的。亦见 Sierksma 1979，第 1 章。有关雌雄同体的部分，见 Hermann Baumann o.c.。

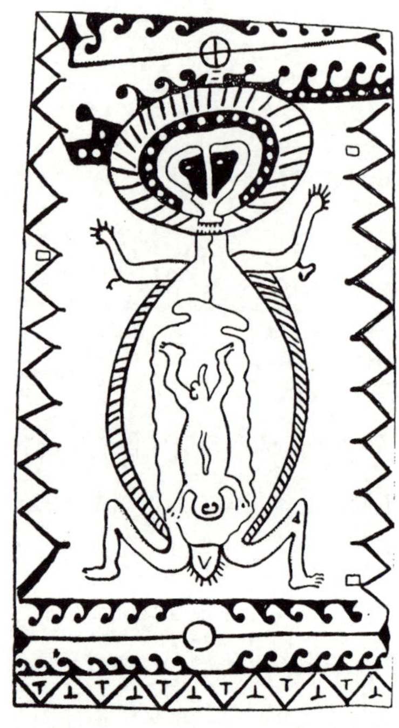

想象中的女性体内的男胎。雕绘的门，新几内亚（New Guinea），19 世纪

的愿望，反映了广泛传播的传统观念：男婴比女婴更受欢迎。这一观念可能和父权制度一样古老。[2] 大约 4000 年前，这一观念就已经很流行了。保存在美索不达米亚黏土板上的楔形文字中的所谓吉兆和凶兆，都证明了这一点。

> 如果一个女人的鼻子生得对称，（她会生）儿子。

2 Plate XXXIX in F.S.A. de Clercq and J.D.E. Schmelz, 1893.

如果一个男人在休耕的土地上和一个女人发生关系，她会生出一个女儿；如果他们在田地或花园（耕种好的土地上）发生关系，那么她会生出一个儿子。[3]

由于多种原因，人们迎接儿子的出生时往往比迎接女儿时明显带着更多的热情。对某一特定性别的孩子的偏爱不仅和社会结构与收入来源的传统路径有关，也和自然而然地把男人置于比女人更高的地位的顽固观念（无论是否因宗教引发）有关。在很多文化中，这种对儿子的喜欢千百年来代代相传，以至于至今全球仍有很多母亲因生出男孩而在社会上获得可能得到的最高声望。女人自己无疑也赞同这种偏爱，被这种想要儿子的心理洗脑，认为自己必须生儿子。很多谚语高声表达和确认了这种观念，例如在欧洲：

身后留下一个男孩的男人，不会真的死去。（丹麦语）

儿子多，上帝赐福多；女儿多，灾难多。（德语）

当一个女孩出生时，连屋顶都哭了。（保加利亚语）

当一个妻子生了一个男孩，连房子的四壁都感到快乐。[亚美尼亚语（Armenian）]

在世界其他地方，人们也被告知要在女儿的摇篮边哭泣，

3 感谢亚述学家 Marten Stol 提供的信息。

为儿子的出生欢呼。一个女儿的无益被从多方面衡量：她“是一个丢失的孩子”[孟加拉语（Bengali）]，“是一个灾难”（汉语），“不是谁的亲戚”[芒戈语（Mongo）]，“是烟灰”（阿拉伯语），等等。[4] 下面的说法至今依然在阿拉伯世界流行：

> 当一个女儿出生，门槛哭泣四十天。
>
> 每一个女儿都是一堆麻烦。
>
> 让我们向先知祈祷，直到男孩们到来。

虽然根据《古兰经》，男人和女人都对生命的出现做出了贡献，但只有真主给予生命以呼吸。如我们所见，中世纪穆斯林神学家和医生倾向于将母亲表述为被动的伴侣，拥有特权的男性的种子被种在她体内。波斯穆斯林学者、在西方被称为阿维森纳（Avicenna）的伊本·西纳（Ibn Sina，980—1037）比较了男性和女性的外阴，总结说“一套是完整而向外伸展的，另一套是不完整而隐藏于内的，就好像是一个翻转的男性器官”[5]。在很多传统中，父亲们依然觉得，生出一个女孩是让自己在社区其他男人面前丢脸的事。

在亚洲，女婴也经常被以极其负面的方式进行评价：

---

4 细节见 *Never Marry a Woman with Big Feet*，第 9 章，93ff。

5 引自 Kueny 51；西方学者的类似观点见 Laqueur 1990。

宁可是一个驼背的儿子，也不要十八个金子一样的女儿。

一个傻儿子也要比一个灵巧的女儿强。

生儿子是上天赐福，生女儿则是灾难。

或者像在印度：

美德就是一个女孩悄无声息地受苦并死去。（孟加拉语）

撒谎的人会生出女儿。（泰卢固语）

当一个女儿出生，不要管她，她会像一株仙人掌一样自己生长；当生了一个儿子，好好照顾他，就像对待一株玫瑰那样。（拉贾斯坦语）

最后一则谚语反映的心理不仅在拉贾斯坦很常见，在印度其他地区也一样，尤其是在很多人几乎或完全没有接受过学校教育、以父权文化为主导的保守的北方。

当代生育统计数据反映了有关女儿的持续负面观念导致的灾难性后果。印度根深蒂固的偏爱儿子胜过女儿的观念不仅导致了选择性堕胎，而且造成了女童更高的死亡率。在2000—2005年间，印度每年有169,002至193,000个不到五岁的女孩死亡。据研究，印度五岁以下女童的死亡中约22%源于疏忽，可归因于性别歧视。五岁前死亡的女孩比男孩多40%多，因为她们没有得到医疗护理或食物。某些情况下，这种高死亡率达到每 1000 名女孩中大约有 30 名死亡，正如《柳叶刀 · 全球健康》(*The Lancet Global Health*) 2018 年的一项研究显示的那样：

> 在印度，性别偏见在死亡率方面造成的引人注目的影响，突出了对更为积极主动地介入出生后的性别歧视问题的需要和对北方地区的聚焦。值得注意的是，这些地区和那些受严重倾斜的性别比影响最大的地区不同。[6]

在大多数亚洲大国，男女比例被严重破坏：在印度，每出生 1000 个男孩对应大约出生 930 个女孩；在某些地区，女孩大概要再少 100 个。对男孩的喜爱往往太过，以至于有的女孩甚至无法得到开始人生的机会。

自从孕期超声波检查被发明以来，堕胎数字持续上涨。农村地区闷死刚出生女婴的做法—— 接生婆甚至可以因此收取一点额外的报酬——非常普遍。其他的方法还有：捏断新生女婴的脖子，溺死或毒死她（帮助男孩出生会得到双倍报酬）。幸运的是，现在这种做法已经少了很多。在近年一部信息量丰富的纪录片《是个女孩》(*It's a Girl*) 中，印度某

6 Christophe Z Guilmoto, Nandita Saikia, Vandana Tamrakar, Jayanta Kumar Bora, Excess under-5 female mortality across India: a spatial analysis using 2011 census data.In: *The Lancet Global Heal your a village in the th* June 2018:e650.（Volume 6, ISSUE 6, Pe650-e658, June 01, 2018）

些邦的接生婆公开在采访中承认，她们收钱杀死了差不多一半经由她们的帮助来到这个世界上的女婴。[7]

在印度，每年有一百多万为性别选择而进行的堕胎。这种传统的对儿子的偏爱伴随着（自 20 世纪 80 年代以来）日益增多的、对孕期超声波检查的大规模使用——为了早早发现胎儿是男孩还是女孩。这导致了整个亚洲严重的性别失衡——女性不足。这一令人不安的发展趋势是印度经济学家、诺贝尔奖获得者阿马蒂亚·森（Amartya Sen）在发表于《纽约书评》（*The New York Review of Books*，1990 年）的一篇题为“一亿多女人失踪了”（More Than 100 Million Women Are Missing）的论文中首次提出的。与此同时，联合国研究者估算，已有超过两亿女人“消失”——因为选择性堕胎、杀婴、营养不良和童年时疏于照料。

如今，印度已经通过了法律，禁止以选择性别为目的的堕胎和杀婴。《禁止嫁妆法》（The Dowry Prohibition Act）可以追溯到 1961 年，旨在减少“给未来丈夫嫁妆”的旧风俗导致的杀死女儿的事件。但是，民众实际上对落实这一法规的意愿很低。医生依旧做超声波检查，警察和法院依旧收受贿赂（对此不闻不问）。偏爱儿子的主要原因之一是宗教性质的：在印度教家庭中，只有男性后代可以点燃焚烧尸体的木桩，以此保证离去的灵魂得以善终。

---

7 https://www.youtube.com/watch?v=azdUcyCkpYI.

尽管有关事实的科学知识在不断增长，对生出女婴的“谴责”通常还是落在女人身上。结果是在家庭和社会的压力下，南亚的男人们有时为了生个儿子，甚至抛弃妻子，重组家庭。西方国家很多受过高等教育、相当富裕的印度人依旧偏爱儿子胜过女儿。在实践中，这一不理性的偏爱导致了男女比例的严重不平衡：单身汉过剩导致了更多暴力行为；在比例失衡得最严重的地区，犯罪率也在增长。

这一问题在中国也存在：平均1200个男孩的出生对应1000个女孩的出生；在某些地区，这一比率甚至高达1.3 ∶ 1。这些年轻男性非常令人担忧：他们能讨到老婆吗？对于这些在中国被叫作“光棍”的男人们，这件事已经越来越难了。他们预期寿命更短，其中很多人变得抑郁，有时甚至富有攻击性。

同时，全世界贩卖女性和性奴的数量都在增长；女孩们仍然会被绑架、诱奸或卖作娼妓。在某些例子中，贫困家庭会买一个女孩给全家的男人当老婆。男女比例越不平衡，寻觅年轻新娘的男人就越多。这意味着女孩们接受教育的时间缩短，没有工作机会，必须在身体发育完全之前生育。这类事件导致了年轻女性群体的高自杀率。[8]

解决方法是什么？关于女孩们的负面观点需要被改变。

---

8 Lakshmi Vijayakumar, Suicide in Women, *Indian Journal of Psychiatry*, pp.233-238: https://www.ncbi.nlm.nih.gov/pmc/articles/PMC4539867/.

在韩国，男孩和女孩之间的人数平衡也被破坏，为了改变社会思维模式和文化传统，政府做出了巨大努力，现在情况得到了极大的改善。在大众对偏爱儿子的质疑和媒体、教育界对这一问题持续不断的关注中，年轻一代似乎正在以一种不同的心态成长起来。这类政府行为显示，对于传统的起源和后果的耐心讨论，有助于成功调整千百年来的思维模式。[9]

不完美

雌雄同体式的完美肯定是人类长久以来的愿望，否则就不会有那么多故事里的先祖被同时赋予两种性别。创世神话中有着各种版本的雌雄同体形象，其中造物主被再现为一个有着两性特征的神性存在，例如印度教的神梵天（Brahma）：

> 最初，除了“伟大的自我”梵（Brahman），世界上什么都没有。这就是说没有别的，只有梵存在。……现在，梵环视四周，什么都看不到。他感到恐惧。……梵十分孤独，他选择了以造物主梵天的形式出现。梵天觉得不快乐——孤独的人从来无法感到快乐。他渴望有什么人来

9　对儿子的偏爱和性别比见：http://www.womanstats.org/maps.html。

陪伴他，于是，他的思想把他正在暂时使用的身体劈成两半，就像是蛤壳分开那样。其中一半是男性，另一半是女性。他们作为丈夫和妻子互相看着对方。到今天，一对快乐的结了婚的夫妻就像一个存在的两部分，两部分中都有梵天在。[10]

我在卢本巴希（Lubumbashi）的邻居，刚果作家、学者克莱门汀·法伊克·纳祖基（Clémentine Faïk Nzuji）告诉了我另一个关于人类失去雌雄同体的完美形象的故事。在她的卢巴文化中，第一个祖先姆维迪·姆库鲁（Mvidi Mukulu）是“一个伟大的雌雄同体的存在”。在卢巴神话中，第一个祖先在一个有一棵很棒的棕榈树的、明亮宽敞的美丽花园里过着快乐完美的生活，只有一件事不被允许在这个花园里做：绕着花园中心的棕榈树走一整圈。因为这会打破此地的完美和谐。然而，这一禁令无可避免地导致了一种痴迷：

我们绝对快乐的第一位祖先只想做一件事：绕着那棵棕榈树走一整圈。某一天，他开始绕着那棵树走。当再次走到出发点时，我们的祖先裂成了两半。一半变成了男人，另一半变成了女人。从那时开始，男人和女人们就始终渴

10　这一古老的神话源自 *Brihadaranyaka Upanishad*，大约可以追溯到公元前 1500 年，引文出自 *Parallel Myths*, 1994:39-40。

望着恢复那个逝去的统一体，那是他们只能从对方那里短暂寻回的天堂。（刚果民主共和国，卢巴语）

正是因为这样完整的原始经验，男人和女人们才始终感到被对方吸引。

在柏拉图（Plato）写于约公元前385年的《会饮篇》（*The Symposium*）中，宴会上对话的主题也是一个关于两性、爱和彼此吸引的故事，这个故事解释了为什么男人和女人们始终在寻觅他们失去的"完美形象"。在这个故事里，柏拉图认为，或许正是理想的爱在男女之间的分歧上架起了桥梁，弥补了同性之间的裂痕。

在危难时期，文化往往求助于仪式。在仪式中，男人的穿着或举止犹如女人，因为他们相信，男人和女人的力量合在一个人身上，就会增加社会的活力，使得一加一的结果大大地大于二。两性的力量合在一起，就打开了封闭在常人身上的力量的大门。为了获得这种力量，两性的不同特征被仪式性地组合在一个人身上。

几乎每个社会都倾向于促使不同性别的孩子们的荷尔蒙向这个性别或那个性别的方向发展。经期清晰可见地标志着女孩们青春期的开始；而比起女孩们的启蒙仪式，将男孩变成男人的启蒙仪式通常范围更广。

在那些认为一种性别应该比另一种性别得到更高评价或者享受更多特权的社会中，缺乏另一种性别的特点会让人经历额外的痛苦。因此，对占优势的性别的嫉妒比对得到较低评价的性别的嫉妒看起来更明显。对拥有更多自由和机会的男孩们不言而喻的各种特权，女孩们无疑是（或者曾经是）嫉妒的，原因很简单，男孩们可以接受更多的教育，可以独自旅行而不会被羞辱或有损名誉，且可以进入一系列被宣称女孩们不能进入的领域。关于远古对性别差异的强调在全世界造成的后果，世界女性统计地图就是清晰透明的证据。

犹太男人会在晨祷中公开表达他们的感激："主，我们的神，天地的主宰，你是应当称颂的，你没有把我造成一个女人。"一句常见的库尔德俗语说："做一天男人比做十天女人好。"一个来自不丹的女人在接受采访时表示："生为女人意味着一生被浪费。""我下辈子不做女人"则是加纳阿散蒂人（Ashanti）的一句古老俗语，反映了女人对来生更高地位的向往。大多数口头传统反映了社会性别的等级制度，在这种制度中，谁发声、谁沉默，谁拥有和管理知识、谁无知蒙昧，谁四处漫游、谁留守在家中，都不言而喻——如同一切事物不可逆转的天然秩序。

相对于男性对女性和女性身体功能的嫉妒，研究者更多地关注女性对男性和男性身体功能的嫉妒，这很容易理解。直到 20 世纪，大多数人类学家都是男人，男人对女人的嫉妒对他们来说似乎是一个盲区。[11] 不过，这种嫉妒是存

11　如 *Perceiving Women*, 1981 所述。

在的。很多文化在很久以前就开始寻找性别差异造成的男性焦虑和嫉妒的解决方法，这还能因为什么？

在为少年提供的针对异性的嫉妒和在社会中建立需要的角色的策略中，最常见的一种是引入启蒙仪式。

男孩的包皮切除存在于世界上的多种文化中，一般是在青春期时进行，这一风俗似乎满足了一种强烈的需要。启蒙仪式有时起一种"证据"的作用，证明男人们自己在没有任何女性介入的情况下生了儿子：经过启蒙的男孩"死于童年时期"（mourir à l' enfance），现在他通过父亲再一次真正出生。他的生命归功于他的父亲。[12]

这一基于愿望的思维方式将西方中世纪保罗·切塔尔多（Paolo Certaldo）以前被引用的陈述——"儿子必须服从生出他的父亲，即使母亲协助了他"——置于一个广阔得多的语境中。这种论点很少被诠释为对子宫的嫉妒，这一点始终是令人惊讶的。

对男性的启蒙几乎在所有地方都比女性范围更广，并且一般发生在青春期，这个时期，女孩们正经历她们的月经初潮。当包皮被切除时会有一点血流出来，这很重要。在这个过程中，女性的"生育行为"有时被亦步亦趋地模仿：在巴布亚新几内亚的雅特穆尔人（Iatmul）的启蒙仪式中，甚

12 Bettelheim, *Symbolic Wounds*, 104ff. 当然，嫉妒不是男性启蒙仪式的唯一主题，仪式也与繁殖力和对一切生命的关心有关。

至会有一个巨大的女阴状物被抛过男孩们的头顶。一个代表了“真正的男人”（重新）出生或男人生育男孩的仪式重在强调男子气概，这种男子气概经常和对女人明确的负面情绪交织在一起。[13]

在西方世界，也有一种倾向，认为女孩的出生是父亲缺乏阳刚之气造成的，这有一部分是受亚里士多德的影响。在他写于公元前 347 年—公元前 322 年之间的有关动物的名作中，这位哲学家为世界提供了关于男女之间巨大差别的有力陈述：

> 由于雌性在自然界中比雄性更脆弱体寒，我们必须将这种雌性特征视为一种天然的缺陷。因此，在母体内部，由于体寒发育缓慢（因为发育是调和，调和靠热量，比较热的更容易被调和）；但出生后它由于脆弱又很快成熟老去，因为所有低等事物总是更快地达到完善和终点。对于艺术品来说是如此，对于由大自然形成的事物来说也是如此。[14]

无论是否受到这位或其他希腊哲学家的启发，西方医生和其他学者都继续进行了经验主义研究，他们自己的偏见

---

13 Sierksma, *Religie, Sexualiteit en Agressie*, 1979:105, 57; Bettelheim 111ff.

14 Aristotle, *On the Generation of Animals*, Book Four, 6. 原作中引文译自希腊文，Ebooks University of Adelaide, Australia。

往往明显地模糊了他们采取的视角。由于传统观念，女性的身体被描绘为对“正常”身体的偏离或男性身体的一种不够完美甚至劣等的变体。男性的嫉妒似乎使人们在潜意识中更为坚定地相信，男性的“种子”是对一个孩子的生命的关键贡献，女人们对怀孕和生育的贡献则被认为不那么重要，甚至可以忽略不计。

研究神话和其他广泛流传的、对女性身体的评论时，我们无法忽视对子宫的嫉妒遗留下的问题。这类问题使我们得以理解，为什么男人们发明和强行实施了把女人们从宗教和其他的职业实践中排除的规则。过去通常的解释是（在一些传统中依旧是），只有男人有这些职业和社会实践所需的智力，这是他们之所以是男人的原因。作家们，例如弗朗索瓦·艾希提耶在她重要的上下卷著作《男性 / 女性》中，以及罗伯特·麦克艾文（Robert McElvaine）在他的《夏娃的种子》中都提出了与之相反的观点：那些思维方式源于男人们的身体无法做到的事——为社会诞育后代并为孩子哺乳。

两性拥有不同的性征，但为什么人们无法在不同的前提下依旧将对方当作同等的人？弗洛伊德一直强调性方面的不同，并再度确认了在某些世纪中颇具影响力的论断，即女人比男人“低等”。他强调女性对阴茎的嫉妒，宣称女孩们会责怪母亲，因为母亲将她们“如此可悲地不完整地”带到世界上来——这非常可能源自他下意识的对子宫的嫉妒。[15]

15　McElvaine，第 12 章。

精神病专家和精神治疗师在实践中会遇到嫉妒女人的男人们。在孩子们的化妆派对上，男孩们有时会将枕头放在衣服下面，以假装他们有乳房或是怀孕的腹部。他们公开承认羡慕女孩子有乳房、以后会有孩子："他们因此而恨自己，并梦想着采取暴力：切掉乳房，拖出阴道。"他们因为女人不欣赏他们的求欢或仅仅因为不被允许触碰乳房而感到挫败。[16]

这就无疑刺激了对某种信息无法抗拒的需求——男人优于女人，因此男人就该掌权。

对女性秘密的窃取

在很多社会中，统治建立在特殊的知识基础上，或者建立在一个由共享特定纽带的成员组成的秘密社会之上。在青春期的启蒙仪式中，男孩们成为这一秘密的共享者。为了成为这一秘密社会中的一员，他们必须先经历启蒙。

只要把一个秘密隐藏起来始终不让外人知道，它就会给人留下深刻的印象。关于这个话题的故事是这么说的："很久以前"是女人们掌权，因为她们有一个特别的秘密，

16　口头信息和文字见 Lederer a.w. 55-56, 153；Bettelheim 39ev。

直到男人们设法把秘密从她们那里偷来。从那时候开始，男人们执掌了权力，并且只要他们成功地把这个秘密小心保护在内部，保证它永远不会重新落到女人手中，大权就不会旁落。

这一任务当然不容易完成。女人们受到威胁：仅仅是偶然看到或触碰秘密的物体就会让她们当场掉脑袋，甚至关于它是什么的模糊推测都会成为她们被谋杀的充分理由。通常这一秘密是由有具体形态的材料制成的物品，例如祖先的面具、喇叭、笛子、草裙、吼板、举行仪式的草屋或神圣的袋子。[17] 根据这些故事，这些秘密物品或权力象征原本是女人的所有物；女人设想、发明并制造了它们。有时这一秘密甚至不是可以触摸到的物体，而是由一些仪式性的或神圣的、仅由女人在她们自己的典礼上演唱的歌谣组成。在某些情况下，这一秘密直指女性的专横强权，“勇敢的男人们”经历了大量痛苦后巧妙地接管了这种权力。例如同时让所有的女人怀孕——如前面提到的肯尼亚吉库尤人的故事所说的那样。

澳大利亚土著居民乌兰巴人的起源神话就有“梦幻时

17　一种古老的、仪式上吹奏的乐器，其历史可以追溯到旧石器时代，曾在欧洲、亚洲、南亚次大陆、非洲、美洲和澳大利亚被发现。https://en.wikipedia.org/wiki/Bullroarer.

代”[18]（Dreamtime）的这样一次偷窃。当时他们最早的祖先江嘎沃（Djanggawul，一位兄长）和两姐妹在没有人居住的澳大利亚结伴巡游。在路上，很多后代持续不断地从生育能力极强的姐妹俩的子宫中孕育出来。兄长负责把婴儿们放在草地上，出生在那里的孩子们就是从那时以来生活在那里的家族的祖先们。

但此后却没有更多关于女性后代的消息了，因为故事的重点在那一群从姐妹俩的子宫中生出的儿子以及他们最初的祖先江嘎沃身上。男人们在内部互相抱怨他们“什么都没有”，甚至没有他们自己的标志，而女人们“什么都有”。这就是为什么他们决定拿走代表子宫的、里面有神柱（rangga，阴茎的标志）的折叠的席子（ngainmara）。一天，姐妹俩去寻找食物，把她们的标志留在帐篷里无人看管。兄长和他的伙伴很好地利用了这次机会。姐妹俩就这样失去了她们代表着无限繁殖力和创造力的强大标志。

女人们发现了这种偷窃行为，就跑到兄长和其他男人共坐的地方。男人们一见两个女人来了，就开始唱起那些神圣的歌。这样一来，就宣示了从此刻起，通过窃取繁殖力的标志，他们从姐妹俩那里取得了原本专属于女性的、举行神圣仪式的权力。妹妹焦虑地想要知道丢失了神圣的标志和举

18　澳大利亚土著用以指创世时期。——译者注

行仪式的权力后她们现在应该做什么，可是姐姐认为这根本不是什么严重的问题：

> 我们什么都知道。我们真的什么都没有失去，因为我们全都记得，我们可以让他们拥有那一小部分。即使我们失去了那些袋子，我们不是依旧神圣吗？我们还有子宫，不是吗？妹妹同意她所说的。[19]

这一段话揭示了重点：创造生命的力量。她们肯定没有失去它，但在这个故事中，象征性的偷窃标志着男女关系和分工中一个关键的逆转。男人们曾经一直为女人们搜集食物或碾碎坚果做面包，他们也照顾孩子们。但从现在起，这一切都变成了女人们的工作。重要的是，角色的对调只可能是因为对神圣力量的窃取，而从现在开始，它属于男人们。这还没完。

故事中有一个重要的细节：兄长通过大大缩短姐妹俩壮观的阴蒂，“接管”了她们的身体。传统上，兄长有着非常长的阴茎，而姐妹俩也有长度毫不逊色的阴蒂。就像兄长因为他的阴茎很长一样，姐妹俩因为她们醒目的外阴，在所到之处的沙子上都留下了痕迹。

19　这是对一个土著居民很长很详细的故事的简单概括。故事来自 Ronald M. Berndt 抄录的 *Djanggawul. An Aboriginal Religious Cult of North-Eastern Arnhem Land*, 1952。引文见 40—41 页，图案见 25 页。

上：江嘎沃令人印象深刻的阴茎。下：姐姐令人印象深刻的阴蒂。由提供信息的土著居民所画，约1950年

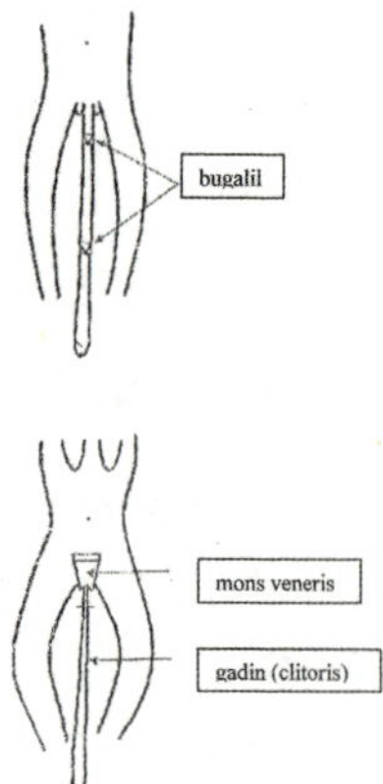

从现在起，事情完全变了。兄长先切掉姐姐的阴蒂，只留下了无法伸展到大腿外的一小段。然后他又对妹妹施以同样的手术。“啊，”兄长说，“现在你们看起来更像真正的女人了。看到你们外阴的裂口对于我来说会更轻松一点。让我试试。”他首先和妹妹交媾。“感觉很好。”他说。然后他转向姐姐，也和她交媾。“这非常快乐。”他对她说。[20]

这个故事并没有告诉我们阴蒂被切短的女人们是否欣赏或享受她们兄长的表现。兄长声称，从现在开始女人们没有什么可隐藏的了，他可以自由地接触到她们的阴部。有意思的是，被兄长切掉的长长的阴蒂相当于男人的阴茎，看上

20　来自 Ronald M. Berndt 抄录的 *Djanggawul. An Aboriginal Religious Cult of North-Eastern Arnhem Land*, 1952。

去就像藏在神圣的袋子或席子里的长棍。女人们现在已经永远失去它们了。一个有阴蒂的女人就是一个有阴茎的女人——根据这个论证，这一做法夺走了姐妹俩所具备的“男性特质”（masculinity）。江嘎沃兄长还保有着他长长的阴茎：在路上，他将阴茎甩过肩膀，绕在脖子上，就像过去一样。这个乌兰巴故事似乎确认了一种新的状况，但其外在是具有欺骗性的，因为恐惧并未被克服。

> 在神话中，女人们张开双腿坐在水中捕鱼，靠这一独一无二的陷阱捕捉牺牲品……在日常生活中，一个交媾的女人被称为捉鱼的女人。一个类似的象征便是鲸鱼，一条小鱼几乎无法从它那里逃脱。

这类引用令人联想起可怕的吞噬一切的母亲或“有牙齿的阴道”。[21]

在每年一度的繁殖庆典上，土著居民围成一圈跳舞，纪念性别关系中这一符号性的逆转。男人们用杆子（即神柱，rangga）轰击袋子或席子（ngainmara），女人和孩子们则在折叠的席子下蠕动一会儿，模仿未出生的婴儿——这些婴儿就像他们的祖先一样，从最初的姐妹繁殖力强大的子宫里出现。挥舞着杆子的男人们表示他们负责这一有关繁殖的

---

21 Sierksma 1979:180.

仪式，但提供信息的土著人自己作为男人，相信女人们应当主持这一仪式："我们依然明白她们是真正的主导者"，因为"男人们窃取了一切"。[22]

除了澳大利亚的乌兰巴和阿兰达等民族，被窃的工具这一主题也出现在西非、巴布亚新几内亚和中南美洲。这些神话有一些共同的主题，其中包括下面这一段从南美神话中总结的信息，它最终发展出各地神话共有的结局：

> 首先，属于男人们的神圣物品（面具、喇叭、举行仪式的小屋、歌曲等）原本由女人们发明并拥有。如果它们来自男人，那么它们的秘密就是由女人发现的，女人们由于看到或接触到它们而玷污了它们的神圣。……神圣的工具禁止被窥探，一切违反者必死。
>
> 第二个贯穿了这些神话的主题是权威的位置始终属于掌握部落秘密的人，那些占据权威位置的人，无论男女，都可以享受相对悠闲轻松的生活。喇叭和小屋是这种权威的标志，允许一个性别统治另一个性别。无论这些神话是如何开始的，它们最终以男人们掌握权力告终，这一点是不变的。男人们或是从女人们那里获得权威的象征，并将自己设定为庆典的执行者及其用具的合法拥有者；或是对敢于挑战男性权威的女性采用暴力进行惩罚。没有哪个版本中的女性在争夺权力的战斗中获胜。取而代之的是，她

22　见 Berndt 2-3 en 40。

> 们永远是恐惧男性的那一方，躲藏在她们的小屋中，害怕面对戴着面具的神灵和吹着喇叭的祖先。[23]

在某些文化中，孩子和女人们被灌输了臆想出的恐惧，相信看到这些权力的象征会有致命的后果。戴着祖先面具的男人们则代表祖先强大的精神。男孩们只有完成启蒙仪式，才会被告知那些舞蹈的神灵只是普通的男人。

在小说《瓦解》（*Things Fall Apart*）中，尼日利亚作家钦努阿·阿契贝（Chinua Achebe）参考了他们伊博族社会的这一传统仪式。在这种仪式上，戴着面具的舞者被称为伊戈吾戈吾（egwugwu）。

> 鼓声又响起来了，笛子呜呜地吹着。祖宗的灵房现在仿佛是座群魔殿，里面传出一片杂乱的声音，那是祖宗的灵魂刚从地下出来，用神秘的语言在互相致敬，空中充满了一片啊噜瓦伊姆德德德戴伊的声音。祖宗的灵房面对森林，与人群相距很远……祖宗的灵魂出现了。妇女和孩子们尖声大喊，四散奔逃。这是一种本能的反应。妇女们一看到祖宗的灵魂出现，总是要逃走的。而在这一天，氏族中九个最大的假面鬼都一齐出来了，那景象真是可怕。[24]

23　见 Berndt 2-3 en 40。

24　Achebe 62-63.（译文出自王宗禹译《瓦解》，重庆出版社，2009 年，79—80 页。其中将 egwugwu 译为“祖宗的灵魂”。——译者注）

养家糊口的人（男人和女人）

狩猎比农业历史更悠久，在通常的分工中，男人负责狩猎，女人负责采集食物。最早出现的农业活动是一种前所未有的形式。通过在家的附近播撒种子，将香蕉的切片和块茎的碎块埋进大地，就能种出新的香蕉树，长出新的块茎——这一发现是文化史上一座真正的里程碑。希克斯玛（Sierksma）等人认为农业是女人们的发明。或者用奥里诺科（Orinoco）地区一位提供信息的印第安人的话说："能够生育孩子的女人同样最了解如何让植物繁殖。"[25]

由于去狩猎的男人们经常空着手回家，女人们却因照料自家土地而能够负担食物供给中的较大份额，两性间的关系改变了：

> 农业的发明意味着女人们的解放，而处于这些古老赤道附近文化中的男人们发现，应对它与应对他们 20 世纪的性伴侣一样困难。于是，在赤道附近的地区，农业开始变得比狩猎更重要，那些破坏了"男人们是不可或缺的"这一感觉的女人们，有时会让男人们产生怨恨。[26]

在此之前，猎人们的家庭经济都完全或主要依赖男性，

25　Sierksma 1962:144.

26　Sierksma 1962: 145.

他们作为养家糊口的人，曾经自我感觉优越。对于女人也提供食物，他们一定视为威胁。从心理上说，一个对男性有神秘观的社会便是对女性威胁的不可或缺的抗击，以保持男性不复存在的不言而喻的优越性。关于秘密的力量的故事标志着恐惧，反映了不安。由于一个享有声望的秘密，男人们重新获得了他们认定自己本应拥有的具有权威的权力以及一切由此衍生的其他特权。由于新的诡计，男人们得以让女人和孩子们为他们做那些令人不快的工作。

在各种版本的故事里，男人们或早或晚都会成功窃取女人们的秘密。故事传达的信息是，男人执掌权力前，世界秩序混乱，而通过对神话的重新讲述，现有的权力关系一遍遍被确认。很多神话由于其规范功能，夸大了两性间的不同和据此发明的规则，这些规则依据性别、年龄和阶级划分等级，并据此分配一切任务。

在他们的启蒙仪式中，曾在童年时期受过母亲和社会上的其他女人极大影响的男孩们接受了新的信息：在他们的生命中，女性的影响和权威不能再扮演什么角色了。在火地（Tierra del Fuego），塞尔克南（Selknam）男孩甚至在启蒙仪式上被告知，他们永远不该向他们的妻子分享内心深处的想法，“因为如果你这么做了，她们就可能重新取得她们过去曾经拥有的权力”[27]。男孩们在生命早期曾作为孩子主要受母

27 Bierhorst 162.

亲照料，而为了学习做一个男人，他们必须学习如何避免像女人一样。

应对青春期这一令人困惑的改变的方法之一，就是培养对女性的强硬态度和轻蔑态度。在民间智慧中，用语言“摧毁”女人的需要显而易见，甚至启发了西班牙语中富于启迪意义的谚语，即男性不应该过分侮辱女性：“当你讨论女人们的时候，想想你的母亲。”有几项研究显示，这一问题正在减少。当男人们在他们自己儿子的生命早期扮演一个更为积极活跃的角色时，这一问题甚至会消失。[28]

有几位学者将男性的侵略性和支配倾向解释为男性觉察到女性力量时的心理动力反应。体现男性主导的制度性安排和文化为男性主导所做的辩护，不仅在有关创造和起源的神话中被证实，也在整个流行文化，尤其是众多对女性力量发出威胁的、带有轻蔑意味的谚语中得到确认。千百年来，有关女性的持续、负面的信息的影响一定是巨大的。它们的余音依旧在世界各地回响。大多数当代女性依旧相信一个女人无法占据领导者的位置。

为什么男人需要从女人那里获得秘密和权力的故事？为什么将女人排除在公共空间之外的趋势长期存在？乌兰巴

---

28 J. Whiting and B. *Whiting, Children of Six Cultures: A Psycho-Cultural Analysis* (1979:193)； Peggy Reeves Sanday, *Female Power and Male Dominance*; Jean Stockard and Miriam M. Johnson 1979:210.

人神话中的论证是女人拥有“一切”。因为她们有子宫，可以制造人类一切男性和女性后代。这一令人感到极不公平的不平衡必须得到纠正，其方式是将女性从任何其他领域排除出去。男人们自己的“缺乏”促使他们通过权威的神话和故事、学术理论、评论、宗教戒律、笑话和社会禁忌来去除不受欢迎的女性特质，以一切方式令男性的表现理所当然显得优越，以此扼制女性的力量。

从领先到落后

一个楚科奇神话清楚地显示了男性关于创造力不平等的焦虑。男性造物者雷文（Raven）看到他的妻子先是腹部鼓胀起来，然后生了两个她称之为人类的孩子，并以一种奇怪的方式显出极其强烈的满足感。

她诞育生命的行为令他如此不快，以至于一种强烈的冲动涌起，自己也想要创造些什么。当他的妻子要求他创造一个地球，让他们的孩子可以在上面生活时，这种冲动愈发强烈。雷文深深怀疑他是否有能力这样做，他的孩子们是否会嘲笑他。最终他用尽全力靠大小便解决了这一问题，直到彻底精疲力竭。通过这种方式，他创造了丘陵和山谷，河流、海洋和湖泊——一个世界。他骄傲地把他的妻子诞育的、最初的人类放到这个世界上。[29]

起源神话是由普遍的兴趣发展而来的。富有创造力的母神一度被呈现为一个能够自主创造生命的身体。一开始，一切新生命从她的产道中爬出，没有男性的参与。最终，这位母神几乎在所有地方从人们的视线中消失，在各种一神论宗教中，她被一位独立自主的、一切生命的创造者取代，这个创造者通常是男神。

如果控制一切繁衍的人是男人，生命是否会易于应对得多？各种故事的字里行间都流露出这种疑惑，一些人甚至公开承认对这种控制的需要。在古希腊哲学中，女人天生处于劣势的观念如此普遍，以至于希腊叙事诗人、作家赫西俄德（Hesiodos，公元前 8 世纪中期）将“女人这一种族”称为“人类的瘟疫”。如果没有女人介入，一个男人就不能再造自己的同类，他觉得这极其令人遗憾。[30]

历史学家让·罗曼描述过历史上所谓“约束式领导”的原则。女性能够生儿育女,这一事实是对这一原则的变形。[31] 女性能在“生育上领先”，就激励男性要在很多别的领域，如经济、政治、科学、文学、艺术等方面超越她们。自古以

29 Alan Dundes 在论文“Earth Diver: Creation of the Mythopoeic Male”中引用了 Erich Fromm 和其他精神分析学家的观点，见 1980:279。

30 Hesiod 7-9 and Semonides, Lloyd/Jones, Hugh. *Females of the Species*, 1975:18ev.

31 Jan Romein,‘De dialektiek van de vooruitgang’, 1937:9-64.

来，女性就被排除在这些领域之外。造成这一局面的部分原因，是历来有很多关于男人的“迷思”使这一思想得以持续地固化。一种世界秩序形成后，便会将一个性别凌驾于另一个性别之上，而这只不过是失之东隅，收之桑榆罢了。

尽管权力被收回，女人们有时还是展现了比她们所能意识到的更为强大的力量：作为母亲、妻子或情妇的小范围内的力量。男人们在这里则是不情不愿的牺牲品或无力反抗的受害者。

男性对女性力量的恐惧总是在流行文化中爆发，正如一个当代笑话所展示的那样：

> 男人们死后必须去敲为他们准备的两扇天堂大门中的一扇。一扇大门是为一生被女人压迫的男人准备的，另一扇是为一生从未被女人压迫的男人准备的。圣彼得看着新来的人。他首先从一扇门的门缝中望出去，那里有长长一队男人在耐心地等候。他们都是在一生中被妻子压迫过的人。彼得很快关上门，然后看了一下为生命中从未被女人压迫的男人准备的那扇门。只有一个容貌粗犷的男人耐心地站在那里等候。“嘿，你在这里干什么？”彼得有点惊讶地问道。男人尴尬地低下头，低声道：“就在我死之前，我妻子要求我在这边排队。”

WHO DOES PUBLIC SPACE BELONG TO?

10

公共空间属于谁？

男人们观看女人们。女人们观看她们如何被观看。……这不仅决定了男人和女人之间的关系，也决定了一个女人和她自己的关系。一个女人内部的观察者是男人；被观察的人是女人。这将她转化为物品，更具体地说，被观看的物品：奇珍异宝。

有一个车站的海报：一位闭着眼的黑人女性，只在乳房下穿着浅绿色紧身衣，两个穿着衣服的男人从她未遮掩的乳峰滑下。在同一系列广告的另一张海报上，一个女人将一只形状完美的乳房从浅蓝色礼服中露出，以取悦旁边一个穿着合身西装的男人。还有一张：前景是衣冠楚楚的男人，背景里坐着一个上身裸露的女人。在整个系列中，男人都精心穿戴，女人则或多或少裸露着。有时，男人穿着室外的装束，在沙发上读书，女人则穿着紧身褡和一双长筒丝袜，靠着男人。想象一下：你穿着吸引人的衣服在得体地看书，并得到几乎全裸的她作为额外的福利。各种这类图片的变体如今在公共空间和媒体上到处都是。如果它们没有这么大的促销作用，我们就不会这么频繁地看到它们。[1]

1　https://designyourtrust.com/2017/04/1970s-macho-male-models-their-rarely-clothed-fawning-ladies/.

阿姆斯特丹车站的广告海报

“大胆尝试吧！”

关于乳房的网站总不知从哪里冒出，就像秋天的蘑菇，不知不觉就长出来了。它们教给女人性感的秘诀，或给出善意的劝告。他们告诉胸部不大的女人多吃水果，草莓、石榴和香蕉被认为丰胸效果尤佳。乳房自身被描绘成各种水果，从水蜜桃到苹果到西瓜。根据犹太教、基督教和伊斯兰教的起源故事，夏娃用来引诱亚当的禁果被自动地和她富有诱惑力的乳房联系在一起。在一幅 16 世纪的《圣经》插图中，夏娃用右手递给亚当苹果，同时用左手托着右乳。

伯纳德·萨洛蒙（Bernard Salomon），
夏娃引诱亚当。里昂，1561 年

将乳房与布丁或蛋糕联系在一起的做法同样流行。在法国电影《极乐大餐》（*La grande bouffe*，1973 年）中，演员菲利浦·诺瓦雷（Philippe Noiret）扮演了一个在诱人的女演员臂弯中死去的地方法官，当时他正在吃着一个乳房形状的布丁。在当代日本，美味甜点也会被做成乳房形状兜售：两个浅色小丘状的布丁被放在包装中女孩乳房的位置，吸引着注意力；它们被分别装在硬塑料壳里，中间各有一个粉色圆点。包装左上方写着："请温柔地食用。"右边则有一个警

日本超市甜点，2017 年

告 :“罩杯易碎，请当心。” [2]

在 20 世纪，性感广告已被发展为一项全球性的业务。广告商主要把女性视为吸引人的物品。为了让人们每周面对数以百计的广告图案，他们每年在这上面花费超过 500 亿美金。[3] 与之相伴的口号和标语也如此具有暗示性，且如此频繁，以至于人们很难不相信这一遍布全世界的虚假现实。

广告业将女性困在旧的贞操原则和新的（但同样苛刻）

2 https://weirdasianews.com/2006/12/07/japanese-breast-pudding-yummy/.

3 Amber E. Deane,“Advertising,” In: *Encyclopedia of the Breast* 4-9; Florence Amalou, *Le livre noir de la Pub*, 2001.

美丽需求之间的陷阱中。在我们祖先的时代，袒露的乳房只被单纯当作婴儿食物的来源，赤裸着随意地垂在外面，现在却成了吸引公众注意的色情符号，对其关注的焦点也变为是否性感。

就像鼻子、嘴、腿或脚，乳房也有各种形状和大小，但社会的标准限定了它们的多样性。在整容手术的网站上，积极的评价来自四面八方："我是如此爱我形状自然的新乳房……大胆尝试吧！"

一个牙买加女人解释道，她一生都想要隆胸，因为深感自己陷入了毫无根据的不确定性之中。（在做完手术后，她说道：）"我终于找到了真正的自我，我真高兴。"

进化心理学家证实了男人们会被具有对称特征、外形有吸引力的年轻女孩吸引——"没有瑕疵、充满活力的肌肤，饱满的嘴唇，闪亮的头发，洁白的牙齿，优雅的步伐和坚实的乳房"——这些被认为是繁殖力的象征。女人们便开始以相应的美化措施来回应这些特征——许多人现在依然这样做。[4]

社会秩序制造了什么样的期待？它主要强调男性和女性之间的不同，坚持女人应该美丽而随和，不能像男人那样强悍、刚硬、野心勃勃。对于男人们，同样的信息意味着他们必须压制被认为是"女性"的特征，以免被视为"懦夫"

4 Vandermassen 166.

或“娘娘腔”而遭到排斥。

弗洛伊德将女性对闪亮珠宝、吸引人的低胸露肩装和诱人的化妆品的欲望视为女人过度发展的自恋的标志。在大多数文化中，男人们过去也装饰他们的身体，但自法国大革命以来，首先在西方世界，然后逐渐在其他地方，男人们开始寻求高度的一致性。他们曾与女人们共有的、对褶边和昂贵服装的兴趣让位于更趋一致的服装，这种服装的设计意在宣扬职业成就、社会贡献和成为社会中受尊重的一员，而非虚荣和怠惰。[5]

对于无法与此保持一致的恐惧，各种广告图案可谓火上浇油。男人们也被改变了，相信外表就是一切。不过直到现在，主要还是女人们被洗脑，相信自己的外表决定了自己在人生一切领域的幸福和快乐。

来自外界的恐惧

认为自己的身体不符合“理想的”形态和标准的这个念头，使女人们把更多时间花在外表上。她们在衣服和化妆品上花更多的钱，并强迫她们的身体穿进时尚的紧身衣。

母亲们被灌输关于变老的噩梦，越来越早地训练她们

5　更多内容见 *Naked or Covered*，第 8 章。

的女儿们如何使用诱人的化妆品，并看起来性感。在女童的选美比赛中，穿着小号比基尼、一副致命小尤物模样的女孩们已开始正面对决。市面上目前甚至已有针对八到十二岁孩子的化妆品和抗皱霜，很多女孩从小就相信长大意味着“变老变丑”。[6]

在西方社会，女性的外表有多“自然”，取决于语境和环境：

> 在性别角色配比最为不言自明的时期，(“自然的”特性）获得的容忍度最高：女主内，男主外。最保守的（欧洲）20 世纪 50 年代依旧喜爱丰满的人。相反，当女人们敢于进入传统中男性的领地并在社会生活中占据更大的空间时，她们似乎必须削减她们的身体所占的空间，以弥补她们造成的不平衡。[7]

既然富于母性滋养的女性身体历来都主要被与家庭环境联系起来或被拘禁其中，女人们似乎觉得她们需要一个不同类型的身体，以逃离历史的束缚，方式是调整自己的身体，使之不再被与她们引人嫉妒的繁殖能力联系起来。这一身体突然进入了“文化生产能力”领域。她们几乎从未被允

---

6 Mona Chollet, *Beauté fatale. Les nouveaux visages d'une aliénation féminine*, 2015:43.

7 同上，148；参考 Susan Bordo, *Unbearable Weight*。

许进入这一领域，因为它一直被宣称不适合女人。

无论是否在女人们当中被低声传播，这一信息都在传达着，或者说看起来在传达：你不得不放弃那种母亲般的丰满的身体，而让自己看起来“像个有两个小小的乳房的男孩子”——用一位专业研究进食障碍的精神科医生的话说。一些机构警告髋骨和乳房开始发育的年轻模特小心：“你正在成为一个女人”—— 一种要不惜一切代价避免的发展趋势。而且，最好用危险的、有时是致命的饮食和药品来折磨自己。

当代骨瘦如柴的女孩们的故事展示了女性无条件服从“人类的命运”（condition humaine）的一个新变体——被观看和被改造；而不是作为主体，观看这个世界或采取行动。[8]

回顾历史，我们会疑惑太阳底下是否还有新鲜事。会引发厌食症的当代女模特的理想线条，令人回想起最初的几个世纪，信仰基督教的模范女孩和女人屈从于禁欲行为以获得尊敬的做法。在当时，作为促进所有人保持贞洁的方法，禁食被强烈推荐，女人们以拒绝进食作为提高她们不受尊重的社会地位的新方式。

一些年轻女孩做得太过头，以至于乳房干瘪、月经停止。通过消除女性特征，她们在形体上看起来更像男人。她

---

8 同上，149。

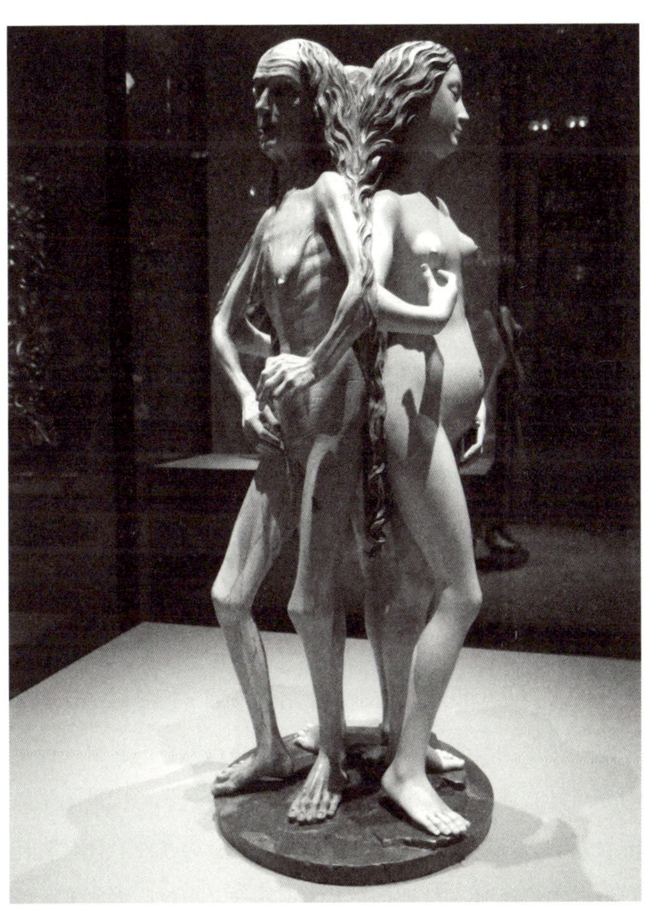

迈克尔·埃哈特（Michel Erhart），
《短暂的寓言》（*Allegory of transience*）。
椴木，1470 年—1480 年

们徒劳地自欺，以为最终将在社会上被平等对待，如主教瓦西里（Bishop Basil，4 世纪）所推崇的：

> 虽然身披女性的外形，但她们以禁欲主义的方式拒绝承载“灵魂”的女性身体，并试图借助这种卓越令自己显得更像男人，正如她们的灵魂与男性是平等的一样。而且，就像男人们通过禁欲主义变成了天使一样，这些女人也通过禁欲主义，从女人变成了天使，和男性天使属于同一阶层。[9]

但是，为了防止误解，主教马上补充道，尘世生命的平等仅体现在灵魂上：两性只有在死后才会达到“一切形式的平等”。厌食症患者绝望的角度让我们想起她们禁欲的先辈无望的努力。其中传达的信息是不可改变的：你可以尽你所能摆脱你女性的形态、外表和功能，超越自厌，但只要你被束缚在一具女性的身体中，你就始终是次等公民。中世纪禁欲的女人们——其中有些已经被神圣化——为在没有怀孕时还在进食和流经血的普通女人提供了榜样。当代广告所展示的那种被推崇的极其瘦削、没有女性特征的禁欲女孩的形象，和社会上女人们的消极形象并行。[10] 这是否意味着在中世纪女

9　引自 Theresa Shaw 237。

10　同上，引自 Theresa Shaw 237。更多关于西方传统中对女人外表的否定性信息见 Umberto Eco 的 *History of Ugliness*，第 4 章。

人们的内部，已经有一个小小的男性监察者在盯着她们了？

今天所有对于女性有吸引力或有价值的广告依然主要是关于她们的外表的："每个人都只想美丽，你不觉得吗？"索菲（Sofie，她不希望自己的姓出现在报纸上）说，"在你的手机上，在你的电脑上，在社交媒体上，所有的模特和健身女孩都有着完美的身材和面孔。终于，你也非常想成为她们当中的一员。"[11]

对这样的模特和健身女孩，男人们反应很"自然"。"我就开始亲吻她们。她们就像磁铁一样。我甚至都等不及了。如果你是个明星，她们就会愿意和你上床。你可以对她们做任何事。"唐纳德·特朗普（Donald Trump）在当选为美国总统前如是说。"[12]

英国诗人弗里达·休斯（Frieda Hughes）用一首关于完美的硅胶乳房的诗打破了这个恶性循环。一个有着这种乳房的女人不需要说一个字，因为每个人都可以立刻理解她们无声的语言。直到这首诗的最后一段，完美乳房的拥有者决定采取行动：

当终于完成拍摄时，
她温柔地

---

11 《新鹿特丹商业报》（*NRC-Handelsblad*），2016 年 9 月 10—11 日。

12 《华盛顿邮报》（*The Washington Post*），2016 年 10 月 7 日。

把用闪亮的塑料做成的乳房
放在给摄影师的桌子上，
然后离开。[13]

全球化的乳房图像

在 2000 年于达累斯萨拉姆举办的一个关于全球化的后果的国际会议上，非洲代表的两项引人注目的陈述令我记忆犹新。一个说："全球化就像一剂药：多吃会病，少吃会死。"另一个用一个冷酷的比喻描绘了广告的巨大力量："全球化就像强奸：你对此无能为力，所以最好躺下享受。"

从 20 世纪开始，信息、产品和图像以闪电般的速度在世界上传播。西方的商业信息在世界范围内产生着广泛影响，乳房的图像尤其如此。不到一个世纪以前，热带地区的男人和女人们经常不穿衣服到处走。裸露乳房是为了给婴儿哺乳，女人们这样做不会让任何人尴尬，无论是在市场上、在田野里劳作时，还是在路上的任何地方。即使是在因为寒冷乳房大部分都被遮盖起来的地区，几个世纪以来，与养育孩子相伴的，依然是母亲们为婴儿哺乳的形象。

---

13 https://www.poetryinternationalweb.net/pi/site/poem/item/555: Frieda Hughes, 'Breasts', *Stonepicker*, 2001.

现在，更多的职业女性在产假结束后改为奶粉喂养，而在喂母乳曾经绝对正常的社会中，在公共场所为婴儿哺乳的女人越来越多地开始遭受质疑的目光，甚至自己都感到尴尬。色情广告图案影响了为哺乳而存在的乳房的自然特性，而且这不仅发生在西方世界。它们传播困惑，强化了现在男人们观看女人和女人们观看自己的片面性。

在网络上，哺乳的母亲们讲述了她们复杂的感受和其他人——从餐馆里抱怨的消费者到公共交通工具上瞪着眼的同行旅客——的反应，这些反应从恼怒到反对，甚至是直接禁止哺乳。对（公共场合）哺乳的评论和因此导致的母亲们的尴尬现在依然无处不在。

在伦敦一个五星级酒店的餐厅里，一个英国女人正小心地为她十二周大的婴儿哺乳。经理马上走过来警告她：你必须用餐巾遮住胸部。这位母亲在社交媒体上贴出了盖上餐巾之前和之后的照片，（这激怒了）行动派母亲们，她们直接来到酒店前，在入口处为她们的孩子哺乳。

直到近些年，乳房和哺乳在中国似乎还是一个日常现象。一位美国研究者在 2000 年写道：

> 根据我的研究，乳房在中国明显远不如在美国文化中那样被赋予性的意义。……它在女人们的外衣和内衣中都没有以任何特定的方式被隐藏或展露。在很多村庄里，女

人们敞着怀坐在太阳下（哺乳），年老的女人们敞着怀在外面洗衣服，这一切都和色情毫无关系。[14]

这听上去很美好，但在当代亚洲，时代不可否认地在改变。最近，一位中国女性因为在拥挤的车厢里为她的婴儿哺乳而被同行的旅客拍了照片，并在微博上受到文字攻击："我得提醒你，这是北京的地铁，不是你们村里的公共汽车。"照片飞速传播，引发了有关哺乳的激烈争论。很多人否定这位母亲的行为，因为她公开展示了她的"性器官"。一些人则相反，他们为她辩护，认为未得到她的允许就在网上分享照片是对她的一种羞辱。这些人中有一位医生，同时也是一位母亲，她说："乳房不是性器官，婴儿饥饿时就需要喂。她是个了不起的母亲。"显然，很多中国人就像很多当代西方人一样，觉得看到一个婴儿当众趴在母亲的乳房上是令人尴尬的。

在非洲，哺乳也是完全正常的，通常被认为是人生命的最初两年中唯一可以接受的喂养方式。每个母亲都这么做，女人们为此感到骄傲。不过，非洲近来变得和中国一样快。在非洲，尼日利亚《先锋报》（*Vanguard*）最近描述了一场当场爆发的热烈争辩。这一报纸突出了现代都市女性中的一个普遍倾向：年轻的母亲害怕在公共交通工具上为自己的婴儿

14 Emily Martin,in Angier 139.

哺乳。尽管她的婴儿在大哭，但她一直试着假装没什么要紧的，最终遭遇了尴尬：一位男性旅客对着她大呼小叫，指责她冷酷麻木。其中一个人用约鲁巴语轻蔑地说："你为什么不给这个孩子原本就属于他的东西？"一位老年男性甚至公开质疑："你乳房里有什么人眼没见过的东西吗？我求你给孩子喂奶吧。"在承受了巨大压力后，女人不情愿地投降了。[15]"将婴儿放在乳房上，或将乳房放在婴儿上"是一句流行的约鲁巴谚语，这意味着你可以用不止一种方法解决你的问题。为什么这个年轻女人这么不愿意当众喂孩子？《先锋报》这篇文章说，全球化的进口婴儿奶粉广告商和色情乳房图片的传播造成了这种新的发展倾向，以至于受过教育的女性拒绝让她们的婴儿拥有这一"天然的权利"。从人类拥有记忆以来，乳房的哺育功能就没有什么值得尴尬的地方。乳房的两个功能——哺育和诱惑，比以往任何时候都更为互相妨碍，导致只有一个可以在公开场合被接受，或者两者都不可以。

在印度，一些母亲证实哺乳在她们的国家是很常见的，不是需要讨论的问题。其他人则对潜藏的、让哺乳的女人们感觉尴尬的男人有所抱怨。在这里，就像在中国一样，现代都市女性和"不穿内衣"、平日里只要孩子哭就会在任何地方掏出一只乳房喂孩子的乡村女性有很大不同。在城市化的地

---

15 https://www.vanguardngr.com/2011/08/exclusive-breast-feeding-whither-nigeria-in-the-campaign/.

区，上层社会的母亲们和受过高等教育的女人们已不再当众喂奶。[16]

一位阿富汗医生写道，在他的国家哺乳很难，因为伊斯兰教要求女人们把她们的身体完全遮盖起来，即使伊斯兰教国家允许谨慎得体地当众哺乳。在伊朗，包头巾是必要的，但母亲们可以在街上或公共交通工具上用方披巾遮住躯体为孩子哺乳。“在这里，这不会被看作与‘性’有关”，我在德黑兰（Teheran）被这样告知，“但这样做的年轻女人越来越少。”

在那些禁止当众哺乳的国家，例如沙特阿拉伯和其他海湾国家，男性对自身欲望的控制明显需要加强。一个印度人分享了他在这一地区的经历：

> 当时我在飞往迪拜的航班上。我的孩子想吃奶。我的妻子很犹豫，但当看到孩子哭，她开始喂奶。我用报纸遮住她和孩子。另一排的一个男人像动物一样盯着看。我很疑惑，这个人怎么能这样粗鲁地盯着一个正在喂孩子的女人看。我非常生气，几乎失控，想要揍他。但我一直控制着自己。我只是疑惑：如果有人在他妻子喂孩子时盯着她

---

16 本段关于哺乳的引用和评论以及在尼日利亚和伊朗观察到的一些例外来自 https://www.007b.com/public-breastfeeding-world.php。这一内容丰富、令人欣慰的网站展示了各种各样的乳房，清楚地表明了乳房是完全正常的身体部分，为了哺育婴儿而存在。

的乳房看，他会是什么反应？这些男人必须长大。[17]

相反，一个来自吉达（Jeddah）的沙特阿拉伯人对盯着看的男人充满了共情：

> 如果一个女人在喂她的孩子，看到的人当然越来越想看她的乳房，他们可能变得兴奋，想和那个喂奶的女士发生关系。我认为任何女士在公共场所喂孩子都是不好的。如果她想这么做，那好，她可以去一个没人能看到她的地方。[18]

一位冰岛女议员在国会上意外被要求详述她以前提交的提案时，正在为她六周大的女儿哺乳。上面这个沙特阿拉伯男人会怎样看待这件事？当这位母亲应要求解释时，孩子正在不停地吃奶。所有人（对此都没什么特别的反应），眼都不眨一下。在巴西，议员曼努埃拉·达阿维拉（Manuela D' Avila）也在国民议会上给孩子哺乳。澳大利亚众议院新近更改众议院的规定，为孩子哺乳或用奶瓶喂奶以前是不被允许的，现在可以了。

女性活动家们主张当众哺乳的权利。在香港，最近有

---

17 https://www.007b.com/public-breastfeeding-world.php#asiahttps://www.facebook.com/groups/breastfeeding.muslim.mothers.

18 同上。

一百个年轻母亲组织了一次快闪，当众喂奶，以抗议对这一行为日渐匮乏的宽容。就在同一个周末，在美国，一群女兵在华盛顿特区杰斐逊纪念堂前聚集。她们身着军装，演示性地为孩子哺乳，以唤起外界对军队中年轻母亲处境的关注。[19]

对于乳房的色情功能的狭隘迷恋一直让年轻的母亲困惑。最好的建议就是耸耸肩，用一位年轻母亲的话提醒你自己："去夜店的女人们展示自己的乳房比一个哺乳的母亲更多。"

《复杂的喜悦》（*A Complex Delight*）的作者玛格丽特·迈尔斯（Margaret Miles）想知道：女人们在乳房被视为滋养和亲切关怀的有力象征的社会里，是不是比在乳房仅被视为色情对象的社会里更受尊重？[20] 在乳房被放在广告里宣传，被自动放入人类大脑中有关色情与性的文件夹中的年代，这是一个重要的问题。当广告里的女人从优雅的礼服中露出乳房时，没有人会想起用于哺乳的母亲的乳房。然而，回溯历史，我们的确可以发现早期一些同样的以乳房作为诱惑手段的例子。例如，在意大利南部巴列塔圣墓教堂（Church of the Holy Sepulchre），一幅中世纪早期的壁画显示，三个美丽的女人正以呈给圣安东尼诱人的右乳的方式尽力诱惑他，大约是让他来爱抚。她们各自将左手当作上菜的餐盘，将她们

---

19 https://www.vogue.com/13435454/breastfeeding-public-womens-rights-hong-kong-flash-mob-jeffersonmemorial-active-duty/?mbid=social-facebook.

20 Miles, Afterword.

的一只乳房呈现给他。他“勇敢地”拒绝诱惑，因此受到成为圣徒的奖赏。当时，撒旦尽全力用女性的外表来诱惑信徒，今天的媒体也是这么做的。除了它们的影响遍及全球这一点，此外没有什么不同。

通往巅峰之路

只要女人们始终被与外貌捆绑在一起，科学就会更多地与男人而不是女人产生关联。不仅是科学史，流行文化也向我们展示了这是怎么一回事。知识和学问的重要性在全世界都始终受到高度评价。知识是力量，知识是财富，知识意味着威望和特权。根据全世界范围内的古老智慧：

> 知识是愚昧的敌人。（英语）
>
> 书中自有黄金屋。（汉语）
>
> 知识比商品好。（阿拉伯语）
>
> 知识是不会被偷走的财富。（菲律宾语）
>
> 不知道很糟，不想知道更糟。[沃洛夫语（Wolof）]

男人们深受这些热烈建议的影响，同时总是试图令这被热烈向往的知识远离女人，假装是为了保护她们的美德：

男人的荣耀是知识，女人的荣耀是放弃知识。(巴西，葡萄牙语)

男人们应该把知识放在美德之前，女人们则应把美德放在知识之前。(德语)

女子无才便是德。(汉语)

为了强化两性间的区别，两种现在已为人熟知的策略被付诸实施。一方面，女性的智力和知识被否认或嘲弄：

一个智慧的女人就是双倍的傻子。(英语)

一所房子中女人们在的那一侧，即没有知识的那一侧。(缅甸语)

另一方面，社会也被警告了女性拥有智力的危险。甚至在最早为人所知的资料中，男人就被忠告小心女人的智力："一个女人的智力会造成灾难。"(梵文)

那些对此进行反驳的、聪明有能力的女人们受到了严厉的谴责：

男人不希望女人比他聪明。(英语)

狗比女人聪明，狗不会对主人狂吠。(俄语)

打鸣的母鸡和懂拉丁文的女人从来没有好结果。

最后一句在整个欧洲非常流行，因为拉丁文多个世纪以来都是欧洲学术用语。女人在男人面前应该保持沉默；试图展现自己学识的女人是不寻常、不得体的，在公众领域的成功也被认为不是女性应该追求的。

对女人接受高等教育的反对声（在历史上）持续高涨，一直难以超越。在欧洲内外通常如此，且多半依然如此。如果没有法律限制，男性研究者就会宣称女人无法表现出才智：她们的颅骨更小、智力更低，这使她们不适合接受学术型教育。

随着更多的女孩上大学，讨论变得更加热烈。各种论点都在辩论中出现。一些学者公开声称对于女人来说，学习是“不自然的”，这会造成她们不愿生育和乖张变态。有资格学习的女人必然是“不正常的”。在19世纪，甚至有人暗示女人一接受高等教育，她的卵巢就会干涸。（直到近年来，沙特阿拉伯的女人还被告知，她们一开车卵巢就会萎缩，不过最近这一“危险”似乎被克服了。）当然，女孩们也被警告，她们如果读书，就会失去找到丈夫的机会。简言之，有学问的女人是失败的女人。

虽然19世纪关于女性颅骨更小、智力更低的争论如今已经过时了一个多世纪，但一些极端正统的穆斯林神职人员依然徒劳地坚持这一观点。他们在文章中和网络上声称，只有男人拥有女人缺少的重要特质，因为男人没有某些身体部位：

> 没有一个明智的人会否认以下事实：男人由于其天生的能力，在很多事情上比她们优越。可怜的女人，其生命中总会有一些阶段和间隙，几乎无法做任何事，必须向别人寻求帮助和合作。这些阶段就是恋爱、怀孕、生育和喂养婴儿。[21]

这些论证极力证明，女人在智力上处于劣势，这一切都与惧怕失去男性建立起的秩序有关。为了有效地把女人排除出去，常见的诸如“远离、远离”的信息直接与女性身体联系起来，正如埃塞俄比亚奥罗莫人（Oromo）的谚语所表达的：“乳房含有乳汁，但不含智力。”啊，乳房……

尽管有许多力量都在阻止女性进入大学，但有如此之多的大学，尤其在欧洲，选择哺乳的母亲形象作为学术的象征，这难道不是很讽刺吗？博洛尼亚（Bologna）大学成立于 1088 年，第一个选择用阿尔玛·马特（Alma Mater[22]）作为自己的标识。其他欧洲大学紧随其后。甚至在古巴哈瓦那（Havana）大学，“Alma Mater”的字样被以深暗的字体刻在一座巨大的黑色大理石雕像下面，雕像是一个女人，有着张开的双臂和令人印象深刻的乳房。

莱顿大学的“Alma Mater”标识有着被纯洁地遮盖着

---

21 Mufti Zaferruddin Miftahi, *Modesty and Chastity in Islam* 1993: 160.

22 字面意义为“代表哺育、滋养的母亲”，现用以指母校。——译者注

阿尔玛·马特（Alma Mater），哈瓦那

Alma Mater Cantabrigia，两侧是橄榄树，1600 年

的、并不惹人注目的胸部，但“剑桥代表哺育、滋养的母亲”（Alma Mater Cantabrigia）这一剑桥旧标识呈现了一个充满活力的女性形象，她有着波浪般披散下来的长发和张开的双臂；数个世纪以来，她从不干涸的乳房用知识哺育着世界。她左手持圣杯，右手中象征科学的太阳散发着闪耀的光芒。她毫不费力地将城墙像王冠一样戴在头上。

然而，从这些乳房里迸发出的知识，数个世纪以来，只让没有乳房的学生受益——几个“声名狼藉”的例外。在 13 世纪的意大利，贝蒂西亚·郭札迪尼（Bettisia Gozzadini）就是这样一个例外。她穿上男人的衣服，进入博洛尼亚大学，并凭着比其他同学都优异的成绩毕业。她对抗一切偏见，证明了女人也可以成为律师。1296 年，她甚至在她的母校教授法律。不过她必须在帘幕后面授课，因为如果不这样的话，她的美丽就会分散男学生的注意力。

直到 20 世纪，欧洲“代表哺育、滋养的母亲”才开始与女儿们一同分享以前只分享给儿子们的知识。在欧洲，毕业生依旧亲切地称呼他们的大学为“Alma Mater”，称自己为她的“校友”（alumni）——字面意义为“吸吮”。

20 世纪，很多事情都发生了变化，但科学的顶层发生了什么？男教授还是比女教授多很多。2013 年，美国物理学会（American Physical Society）发表了一篇文章，讨论诺贝尔物理学奖获奖者男女性别比令人痛心的失衡：196 ∶ 2。最有名的女性诺贝尔奖获得者是玛丽·居里，该奖于 1903 年授予她和她的丈夫，以表彰他们对放射性元素的发现和研究。1911 年，丈夫死后，她因为在化学领域的研究而再次获得诺贝尔奖。然而，1910 年，她被提名为法国科学院院士，一场白热化的争论后，却未能当选，反而是她的男性竞争对手当选了；两人仅两票之差，只好重新投票。这次是关于是否接受女人成为院士的投票，科学院立刻以压倒性的多

女孩，终于是个女孩！卡通，12 世纪下半叶

数票予以否决。即使在玛丽 · 居里第二次获得诺贝尔奖后，法国科学院依然坚持他们的决定。直到 1979 年才有女性第一次被允许加入这一久负盛誉的“俱乐部”。在英格兰，情况也没有好多少：1945 年以前，英国皇家学会唯一的女性是解剖学藏品中的一具人体骨骼。五十多年后，第二位女性物理学家被授予她所在领域的诺贝尔奖：玛丽亚 · 格佩特 - 梅耶（Maria Goeppert Mayer），但在她活跃的时期，她的大部分工作是没有报酬的。[23]

现在，大多数认为女性缺乏智力或智力低下的可怕观念终于在几乎所有地方被丢进了垃圾堆，越来越多的学术机构终于意识到有多少顶尖的女性人才曾经被，并且依然在被错失。

23　诺贝尔奖中女性获奖者较少的是经济学奖，直到 2009 年才有一位女性获得者：埃莉诺·奥斯特罗姆（Elinor Ostrom）。参见 https://www.scientificamerican.com/article/the-last-woman-to-win-a-physics-nobelI/；https://en.wikipedia.org/wiki/List-of-female-Nobel-Laureates。

每个人通往巅峰之路都从读和写开始，鼓励女性接受高等教育的政府最终会使它的国家更为繁荣昌盛。只要与性别相关的有关知识、智力和珠宝的谬论还在互相附和，刻板印象就会一直是女性通往巅峰之路的障碍；不过越来越多的例外显示，向上的路已不再是禁止通行的。

WORLD IN MOTION

11

不断变化的世界

> 如果男性的性器官立起，就会是一场势不可挡的灾难，因为它一旦被激起，就无法靠理性或宗教拒绝。因为这个器官比撒旦用来针对人的所有工具都更有力量。[1]

在当代社会那薄薄的沥青层下，是我们的祖先保存完好的、根深蒂固的观念。对流传下来的、关于女性独有的身体部位的观念的研究，不仅能获得关于过去观念的知识，还能深入理解现在——如此多的女性地位的改变在很多方面都造成了困惑。我们不能改变历史，但我们可以改变我们观察过去和现在的方式。

从男性的角度

为了更好地理解历史的发展，对阴茎的某些关注在这里很重要。只要富饶肥沃的大地由女性神灵或具有自主创造力的女神代表，阴部就会受到尊敬，不仅因为它们创造生命的能力，也因为它们在灾难来临时神奇的保护功能，正如我们在第 4 章所看到的那样。对勃起的阴茎的崇拜估计始于史前的新石器时代。在阴茎崇拜盛行的文化中，不仅有关阴茎之神的故事在流传，阴茎的图像也被竖立起来——在家中，

1 Ibn Abbas, 引自 Nawal El Sadaawi, *The Hidden Face of Eve*, 1980:206f。

在院子里，在寺庙，在路上。在神话中，阴茎经常有象鼻大小，例如土著江嘎沃人的神话。埃及神灵阿图姆的也不小。我们在第 2 章提到过他，那个仅靠自己就生出孩子的造物主——这种故事从来都不缺。

这样的图案也同样不缺。印度教崇拜代表着湿婆神造物能力的、阴茎形状的石头或柱子；在英格兰多塞特郡（Dorset），塞纳·阿巴斯（Cerne Abbas）巨人像依旧躺在翠绿的山坡上：一幅白垩岩的古老绘画上，一个巨人右手正挥舞着大头棒，阴茎勃起直到肋骨处。[2]

很多国家现在依旧有庆祝阴茎的节日。例如在日本一年一度的“铁男根祭”上，主要由男性组成的游行队伍中，

塞纳·阿巴斯巨人像（55 米高），位于英格兰多赛特山上

2 http://www.mysteriousbritain.co.uk/england/dorset/featured-sites/the-cerne-abbas-giant.html.

参与者肩上扛着一个巨大的阴茎。为了纪念地方神灵埃罗基（Eloji），人们在印度拉贾斯坦邦（Rajasthan）的“洒红节”（Holi Festival）上也抬着巨大的阴茎游行。参加节日的人主要是男人，他们唱着赞美埃罗基的歌以激发他们的男子气概。想要怀上男孩的女人们也崇拜埃罗基。这一与性有关的神灵被描绘成一位有着两撇长长的小胡子和引人注目的巨大阴茎的男性。[3]

在古希腊，故事和图案证实了公众对阴茎的关注。在日常生活中，由于以赫耳墨斯神命名的赫尔姆斯（Herms）的存在，在雅典的街道上，被再现的阴茎随处可见。赫尔姆斯是一块石柱，上面雕刻着一颗头、两个睾丸和一根勃起的阴茎。这种石柱可以在私人的住宅前找到，标志着公共和私人区域的分界。[4] 在这里，男人也排着队伍扛着巨大的阴茎前行，就像花瓶上画的那样。

伊娃·克尔斯（Eva Keuls）将男性统治的社会视为流行的法则，其中“人类主要是男性的，女性只是附属品，很不幸地因繁殖的目的而被需要”。[5] 她将古希腊人中阴茎的力量描述为一种文化系统，其中阴茎并非被再现为一个统一的器

---

3 更多节日的例子见 https://www.scoopwhoop.com/Places-Where-Penis-Is-Worshipped/#.5anbkposd；https://www.newsflare.com/video/189888/entertainment-arts/devotees-take-giant-phallus-in-procession-in-india。

4 Eva C. Keuls, *The Reign of the Phallus*, 1985:385ff.

5 Eva C. Keuls, 86.

官或相互取悦的手段，而是一种武器：

> 一支标枪或战斗用的木棍，一根君主的权杖。在有关性的术语中，男性统治的社会采取了无视女性的性满足的强奸和进入被奴役的妓女的身体等形式。[6]

希腊传统中有关于希腊英雄对抗亚马逊人的战斗故事。这些女战士——根据一些人的说法，她们的社会完全由女人组成——独立而好战。古代的图案描绘了希腊英雄劈砍、痛击亚马逊战士致其死亡或将她们赶走的画面。

与亚马逊女王战斗的希腊勇士。
绘于一个双耳细颈瓶上，约公元前500年—约公元前490年

6 Eva C. Keuls, 2.

偶尔地，一个亚马逊战士充满威胁地将长矛瞄准了裸体希腊男人的生殖器，这个男人可能是雅典英雄忒修斯（Theseus），不过这样的场景很罕见。但这种场景意味着可能败北的威胁，确定无疑地反映了对女性反抗的恐惧，以及权力被削弱的可能性，克尔斯说。即使阴茎占据统治地位，“对女人的无法释怀的恐惧”始终存在，男人们始终不能在王座上坐得安稳。[7] 这难道不是窃贼对其他人总有一天会洗劫他的家的恐惧？

在这本书中，我们一次又一次遭遇着控制女人的权力和对女人的恐惧之间的紧张关系。依然有各种政治、文化和宗教的传统试图紧抓住这一权力。成千上万的谚语用对完美妻子的刻板印象的塑造来帮助缓解男性的恐惧。简而言之，她应该比他小巧年轻，不如他有才华、受教育程度高；她应该谦卑地仰视他，保持安静，倾听他，永远不顶撞他。[8]

缺乏安全感的男人们依旧喜欢坚持这一理想。无论何时，一旦他们感到失望，恐惧很容易就会转为愤怒，并经常升级为语言或肢体上的暴力（第 8 章）。不过，试试把你自己放在他们的位置、历史和立场上吧。作为一个男人，你一

7　Eva C. Keuls，3ev. 她在研究中比较了 800 多个古希腊，尤其是雅典时期亚马逊战士的图像。亚马逊战士的故事属于一个大类，在这一类的故事中，一个国家或整个世界的人都是女性。

8　参见 hoofdstuk 4,in *Trouw nooit een vrouw met grote voeten*。

生中都在内化贬低女人的信息。而且你一直受到警告："她们"是不可靠的，必须受到严格的控制，因为如果不这样就会爆发混乱。这令不带偏见地接近某个异性变得困难。而且，如果千百年来你已被说服你自己的精子里早已有一个现成的人，而你是那个将他放入子宫的人，那么你几乎会自动地去相信女人为这个社会做出的贡献很少或根本没有，她们的怀孕并没有带来什么实质性的东西。

本章开头的箴言是先知穆罕默德一位值得尊敬的伙伴的一段陈述，经常被表示赞同地引用。伊本·阿拔斯（Ibn Abbas）在这里揭示了对于最敏感的男性身体部位不可预知的行为的巨大恐惧，而陈述的其他部分也同样具有启发性。他直接对女人们说："这就是为什么先知——请安拉赐予他安宁——说：'我没见过什么缺乏理性和宗教信仰的生物比你们（指女人）更能战胜理性而智慧的男人的。'"

伊本·阿拔斯的评论为至今维持着这一等级制度的、人们熟悉的两个原则提供了一个完美的例子：强调男性压制女性的优越性——她们缺乏理性，从宗教意义上说不如男人重要——以及一个有力警告，他所警告的是在他相信无法控制的勃起造成的灾难面前女性的主导和男性的脆弱。正如我们所看到的，这一论辩的思路远早于伊斯兰教。在一切对女性的贬低和边缘化依旧主导着社会秩序的环境中，它依旧被积极地实践着。

有关性的错误观念

神话、宗教和流行文化影响着我们观看自己和异性的方式。男人不必为自己的冲动负责是一种根深蒂固的误解，并享有前所未有的权威。女人们往往赞同这一观点，甚至声称女性理所当然应该为一切男性的冲动负责，且确信她们生命中唯一的任务就是无条件地服从无法控制的阴茎的一时兴起。[9]一个埃及的伊斯兰学生这样回答我提出的关于她为什么要戴头巾的问题："我们都知道男人就是野兽，这就是为什么我们需要把自己完全遮盖起来。"

这一相当严重的有关男性的误解是如此根深蒂固，以至于真正的男子气概与缺乏自我控制被严重混淆了。女人们不得不向这种"男子气概"屈服，依据就是这一论证："你唤起了我的兴奋，所以你必须帮我甩掉它。"一个男人对付被陌生女人造成的兴奋最好的办法就是赶紧回家，"释放掉这种兴奋的物质，让它去它该去的地方，这样撒旦……就不会将他卷入罪孽"。——这一忠告源自伊玛目穆斯林（Muslim，821—875）。在社交媒体上，绝对正统的传道者重复着对女人的警告：如果她们的丈夫回家时焦虑不安、马上需要他的妻子，而她们不答应丈夫的请求，她们的祷告就

9　更多内容见 *Naked or Covered*，第 9 章"Religion and the history of covering up"。

不会收到回应。一个女人在这种时刻有没有其他想法无关紧要：她宁可让面包在炉子里烤糊，也不能让她的丈夫欲火焚身。[10]

这一顽固的传统论辩也刻在无数非穆斯林男女的心中，他们真诚地坚称男人无法控制自己被睾丸激素冲昏的头脑，正如一位荷兰女作家在 2018 年阿姆斯特丹的国家剧院举行的一场辩论中所辩称的那样。或者如一位法律哲学领域的教授在关于韦恩斯坦（Weinstein）事件的专栏文章中，倾向于认同伊本·阿拔斯的观念，虽然他自己是一个教条主义的无神论者：

> 这种情况——和一个女人同处一室——对很多男人来说始终是一种诱惑。他们的荷尔蒙可能开始活跃，于是他们的意愿跟随他们的欲望，而不是他们的理智。这一意愿不可挽回地导致了令人不快的事情。这就是为什么预防这类事情最好的办法是将它扼杀在源头。因此，女人们应该与外面的男人——任何不是她丈夫或兄弟的男人——保持距离。如果两人面对面的私人交谈无法避免，就应该有值得信任的男性陪伴。在我看来，这种思路肯定不是完全错误的。[11]

---

10 https://www.youtube.com/watch?v=d55thwza8PU；传道者如著名的 Al-Qaradawi 传播着同样的信息。

11 Jessica Durlacher, *Sign of the Times*；Adreas Kinneging 关于韦恩斯坦和深思熟虑的意愿见 *Novum*, https://novummagazine.nl/my-uploads/magazine/file/22/of-2fe26adb.pdf, 2018 年 4 月, 30ev。

通过这种方式，他自动把解决问题的责任推给了女性。就像在伊本·阿拔斯的年代一样，她们最好处于指导之下！现在对于一个成年人来说，如果他害怕自己的荷尔蒙升高——例如与一个有吸引力的学生见面商讨论文的时候，让自己成为一个睾丸激素管理专家，难道不是更合理吗？

睾丸激素理论的影响更多地建立在流行的观念而非科学的论证之上。知道关于睾丸激素的无稽之谈很久以前就已经失去效力，正如科迪莉亚·法恩（Cordelia Fine）在《荷尔蒙战争》（*Testosterone Rex*，2017 年）中所述的那样，是一件值得高兴的事。或者用阿姆斯特丹性学教授爱伦·兰恩（Ellen Laan）的话说："没有任何一样证据证明，发生强迫性性行为的男人的睾丸激素比能够自控的男人多。"[12]

一个具有讽刺意味的现实是，无论哪里有人坚持睾丸激素的不可抗拒，都有一些男人将其视为一种许可，许可他们做自己想做的任何事。结果是潜在的受害者永远处于危险之中——不仅在外面，也在家里。据世界卫生组织估计，每三个女人中就有一个经历过来自伴侣的某种形式的身体暴力或性暴力，针对女性的谋杀中有 38% 是其男性伴侣实施的。关于这一问题的报道不断出现在新闻中。近期有关女性（缺乏）身体安全的统计数据，向全世界揭示了这一虚假的睾丸

---

12 《新鹿特丹商业报》2017 年 11 月 17 日的采访。亦见 Van Lunsen en Laan, *Sex! A life long education*, 2017。

激素逻辑造成的惊人后果，在这些社会中，男性通常没有接受过自我控制教育。

在一项涵盖面广泛的调查中，兰恩教授在她近期一些研究发现的基础上，纠正了几个有关性行为的错误观念：

> 男人和女人都会对性刺激做出回应。男人的回应是看得见的、在外部的，女性的回应则需要从内部衡量。
>
> 来自弗洛伊德的“冲动”的力比多（libido）这一概念必须被彻底摒弃：这一“蒸汽锅炉”理论将男人视为一个充满色欲的桶，必须靠性来释放（“他无法不继续”），但睾丸激素不是“雄性荷尔蒙”，这一物质在男人和女人的身体中都扮演了重要角色。
>
> 男女之间力量的不同是男性行为不端的主要原因。两个依然存在的观念在其中扮演了重要角色：一、犯罪者不觉得自己有罪并应为自己的性兴奋负责，反而觉得女人有罪并应为此负责，因为她令他兴奋。例如，因为她穿了一条短裙。二、勃起的男人必须射精，否则就会造成睾丸疼痛（blue balls）。把这一奇谈当成操纵了世世代代女性的纯粹的空话来根除吧。这种射精没有什么生理学上的紧迫性：一个一段时间没有性生活的男人会夜间遗精的。

> 不可取的行为只能通过（性）教育来预防，其中男女平等是至关重要的。[13]

这种急需的性教育尚处于起步阶段。直到 2000 年，在北京联合国世界妇女大会的最终文件中，才第一次加入解放政策（emancipation policy）也应针对男性的内容。对自己的欲望责任的推卸依旧是一种软弱的表现——对男女双方来说都是如此。

伊本·阿拔斯所说的“可怕的灾难”通常忽略了女性是如何经历强制性性行为的问题。在整个历史上，从男性傲慢或粗心的出发点来看，女性说“不”，一般会被解释为“是”。

显而易见的事实

在内罗毕（Nairobi）的一个讲座后，我被邀请到一个女生宿舍。我们坐成一圈喝茶，其中一个女孩在为一对双胞胎哺乳。她告诉我，孩子的父亲、她的同学，认为自己对两个孩子没有任何责任。怎么会这样？她断断续续地向我讲述了这个故事：月底，学生们都拿到了当月的生活津贴，大家都很高兴，想晚上出去玩一次。男孩们敲响女孩们的门，他

13　见 Laan 的著作，经改写。

们一同进城了。在那里，男孩们请女孩们喝了可乐，到晚上结束的时候，他们希望“以自然的方式”得到回报（指发生性关系）。这件事也落到了生下这对双胞胎的女生身上。“可是你们女孩也有自己的生活津贴，对吗？”我问。她们的愤怒像闪电一样掠过天空。是的，这就是问题所在。当那个女孩想自己出钱时，男孩们觉得被深深地冒犯了。“他们立刻觉得你是个贱人。”年轻的妈妈叹气道——现在她无法完成学业。在一场关于被称为一个“贱人”有多糟糕的、越来越情绪化的讨论结束时，她补充道：“我曾有一个老师，她警告女孩子们：‘男性的世界就像一个满是鳄鱼的池塘，永远不要相信他们。’我们当时不相信她，可我到现在才意识到她有多正确。”

幸运的是，伴侣之间可以相互坦诚彼此的期望，并批判性地反思自己的行为。埃及人谢里夫·和塔塔（Sherif Hetata）一次公开的自白为此提供了例证。他是作家纳瓦勒·萨达维（Nawal El Saadawi）的丈夫，我在乌德勒支（Utrecht）遇到他时，他已经九十多岁。在一次关于《零点位的女人》（*Woman at Point Zero*）的剧场报告后，我被要求采访纳瓦勒。我向这位埃及精神病学家、作家和活动家提出的第一个问题是：“纳瓦勒，你的秘密是什么？”“噢，谢里夫能够更好地回答这个问题。”她回答。

于是我邀请他在舞台上落座，和我们坐在一起。他解释道，当他还是个孩子时，他的母亲非常溺爱他，以至于连他的拖鞋都会摆放好。后来，他成为一名医生、小说家、社会主义者和工会领袖。当他和纳瓦勒结婚并住在一起后，谢里夫开始要求她为他做这做那；从他的角度看，这很合逻辑。但她的回答往往是："对不起，现在我很忙。"或者："你知道的，我的截止日期快到了。"或者："现在不行，亲爱的！"这让他十分恼怒，开始疑惑她是否真的爱他。"是的，"他坦率地向听众承认，"说实话，我花了很长时间才认识到，社会主义是从家庭开始的。"在我们的对话结尾，他向听众中的年轻女性发出了一个严肃的警告："要知道，如果你们坠入爱河，你们有可能倾尽全心去宠爱那个毫无疑问被他母亲宠坏的、可爱的年轻男人；可如果你开始和他同居，请记住，想要回到正常的轨道是极其困难的！"

挑战你的特权，主动分享你的权力，这是不言而喻的。只要神话和流行文化坚持女人是为了男人的舒适幸福而被创造出来的，对一个男人来说，女性的身体就始终是一种可操控的对象，他就可以在社会规则许可范围内按照自己的意愿行事。女性通常只会表示顺从，无论她们愿不愿意，或者模棱两可，处于中间地带。

作为一个现代女性，在有权到无权这一漫长的历史中，你现在的位置在哪里？荷兰记者乔伊斯·鲁德纳特（Joyce Roodnat）曾长期在耻辱中保持沉默，直到"Me Too"的争论令她意识到这样的经历有多么糟糕。当相关评论出现时，她决定谈论这件事情。2017年，她依旧记得当时的困惑。

在巴黎，她采访了克劳德·朗兹曼（Claude Lanzmann），他是一部令人印象深刻的、有关纳粹集中营的纪录片《浩劫》（*Shoah*）的导演——“一位英雄，一位伟大的艺术家”：

> 对话发生在他的家里，他详细回答了我的每一个问题。当说到奥斯威辛（Auschwitz）和用隐藏的摄像机抨击集中营的施虐者的方式，他开始爱抚我。我礼貌地拒绝他，但还是任由他做他想做的事。我知道我的地位。他是了不起的电影制作人，我是无名小卒。无论如何，我都必须结束这场采访了，我现在已经不可能回到没有完成的工作中。有趣的是，对于他的做法，不管是他还是我，都什么也没说。当他开始变得非常可怕时，我站起来说我得走了。他坚持用车送我，最后我竟然上了他的车。为什么？我没法回答。最后我恢复了清醒。在一个交通灯前下了车。我写好文章，没有告诉任何人这件事。出于对艺术的尊重，我保持了沉默。后来我听说这种事不止发生在我身上。这对我有帮助。[14]

她总结道，这样的滥用权力说到底无关乎性，而是关乎将女性贬低为“和你干点什么”的物体这样的观念。旧的错误观念一直在散播令人困惑的思想，并被双方错误地解读。

---

14 https://www.nrc.nl/nieuws/2017/10/18/metoo-oftwel-hij-ook-13559309-a1577724.

“Me Too”运动及其他

“Me Too”运动席卷全球，它是女性对令人困惑的对抗和羞辱性迫害的愤怒回应，如一场汹涌的海啸。它始于 2017 年，是对美国电影界标志性人物哈维·韦恩斯坦（Harvey Weinstein）无耻、无礼的愤怒的一场小规模爆发。受雇员工披露了多年来对他种种行为的沉默忍受。这不仅使他被捕，而且引发了一场呼吁停止性骚扰和性虐待的运动。最初发声的女性是有名且富裕的西方女性，最初被指控的男性是权力在握的电影巨头和演员。运动很快向社会各个领域扩展，最终成为引起全球反响、为公众所熟知的一种现象。不仅电影界的女性，体育界、大学和医学界的女性也开始提起骚扰、攻击和强奸她们的人的名字，造成了惊人的滚雪球效应。在很多地方，被指控的男人现在已跌下神坛，比以往任何时候都多的令人厌恶的性暴力被披露在各个层次的人群面前，越来越多的小女孩、无力自保的学步幼童，甚至婴儿都是受害者。任何人搜索“Me Too”和随便一个国家的名字，都会直面网上如野火般蔓延的令人不安的数字。

随着越来越多的女性比以往任何时候都更明确地说出自己的界限，对公开辩论的反应逐渐从宽容变为批评，从严重忽视变为彻头彻尾的敌意。像以往一样，反击运动以惊人的速度开始了。特别是那些勇于详细审视权力在握的男人们的行为的知名女性，她们被叫作婊子、骗子、叛徒和机会主义者。最早遭遇这种反击的女性之一是意大利演员和电影制作人艾莎·阿基多（Asia Argento）。1997 年她 21 岁时被哈维·韦恩斯坦强奸。2017 年 10 月，她成为首批公开自己真实遭遇的女性之一。此后，她在自己的祖国意大利每天被羞辱、被威胁。同样的事情也发生在揭露西尔维奥·贝卢斯科尼（Silvio Berlusconi）臭名昭著的“饮酒狂欢性派对”（bunga bunga party）上发生的事情的女性身上。据持批判意见的记者说，意大利这类暴力的对抗反应源于黑手党强加给意大利社会的缄默法则。阿基多说，打破禁忌的“Me Too”女性在各个网站遭到了失意男人们的辱骂，他们热切地说着他们想要对拒绝继续沉默的女人们做的事，如果他们发现她在什么地方单独待在车里的话。

2018 年 8 月 20 日的《纽约时报》（*The New York Times*）发表的有关艾莎·阿基多的新消息，不仅导致了针对她个人的新一波嘲讽和辱骂，而且在“Me Too”运动中造成了震动：女人们是人，有人性的特点，包括弱点，简而言之，不只是受害者。这一点变得非常清楚。现在人们知道，几年前阿基多曾经对一个 17 岁的年轻男演员进行性虐待，她先强迫他喝了很多酒，后来又用一大笔钱让他闭嘴。人们突然发现，权力不止腐蚀男人，也腐蚀女人。唯一的不同是，纵观人类历史，女人滥用权力的机会远比男人少。

“Me Too”运动的反作用随处可见。一些政府试图否认本国内部性虐待的存在。世界各地的女性不断尝试解释她们的抗议绝对不是针对政府，而是源自对自身安全的关注和焦虑，这在严重缺少女孩的国家里是显而易见的（第 9 章）。

积极的信号也有。对性暴力的揭露不仅对受害者有治疗作用，也为不同的社会提供了观察性虐待的新角度。2017 年 11 月，开罗被宣布为世界上对女性来说最不安全的城市。在这一新闻出来后不久，一位自信的埃及律师在一个电视小组会议上号召男人们“出于爱国的责任感”去强奸穿破洞牛仔裤的女人。这一行为立刻在媒体上受到批评，并被大量男性和女性抨击。在南非，不仅女人们，男人们也走上街头支持女性，抗议暴力和性骚扰。全世界范围内的“Me Too”运动得以对一些社会做出贡献。在这些社会中，男子气概终于不再等同于性的占有欲。

过去，女人们往往被教育得相信她们的身体不是属于自己的；同时，男人们被告知一个女人的身体可以被一个男人拥有。经济上的依赖导致女人尽可能以诱惑的方式呈现她们的身体。她们没有机会发展自己的事业，身体是她们一生唯一的资本，她们必须尽最大努力凭借它找到一个有钱的伴侣—— 一个能够在物质上支撑她们，使她们可依赖一生的男人。千百年来，“美丽尤物”这一角色被强塞给女人，且由于无情的广告商，这一观念至今依然深入人心，很有力量。这些形象被强加于人，就像有约束力的宗教戒律。它们被频繁地重复使用，所以我们需要长期不妥协的斗争。

事实上，父权传统中对身体隐形的渴望，以及将女性视为可消费对象的、对具有挑逗意味女性身体的渴望，都是外部奴役的形式。它们转移了人们对女性在艺术、科学、体育和其他领域取得的一切成就的注意力。一直到20世纪，大部分女性都被禁止进入这些领域，而这些正是她们作为独一无二的生命缔造者的天然优势所留下的遗产。在很多地方，男女关系已经向更为平等的方向发展。这一近期的发展对于男人们意味着什么？“Me Too”运动并未关注这一问题，虽然失意的男人越来越多，这种人在西方甚至被称为“愤怒的白人男性”。他们死抱着一种幻觉，认为有一条回到美好过去的路—— 一种视角狭隘、已陷入绝境的欺骗性信息。精神病学家的候诊室迎来了越来越多这样的男人。他们当中的一个评论道：

> 男人们中了圈套。从进化的角度来看，对于他们性别特质的规范的影响在衰退，他们只落得两手空空，直到真的完全不再重要。他们还因为各种事被嘲笑和辱骂。……其实，我们已处于稳定下来的阶段。[15]

除了“政治正确”、沉默寡言的男性，有一些人表现得像受了委屈的孩子一样愤怒、痛苦；还有一些人被正在蔓延

---

15 Margreet Fogteloo，对精神病学专家 Frank Koerselman 的采访，*De Groene Amsterdammer*, 2017 年 3 月 23 日。

的抑郁症折磨，他们远离社会，认为没有人需要他们了。在极端情况下，这类人有时会基于一种无法弥补的自卑感而选择对女性施加暴力，以此作为解决方式。这里有一个例子：

> “我其实挺帅的。我衣着得体，胡子刮得干干净净，勤洗澡，还会喷一点古龙香水——但三千万女人拒绝了我。”乔治·索迪尼（George Sodini）在博客上写道。他当时正计划在位于宾夕法尼亚一家健身房实施枪杀。就在那一周，他枪杀了三名女性，另有九人受伤。然后他自杀了。[16]

在当代的精神病治疗案例中，男人害怕女人的种种故事和梦境，与古代神话故事中提到的事件惊人地相似。神话所承载的过去的重量正在当代现实的背后发挥着影响。他们将破坏性的欲望投射到异性身上，让女性变成怪物或女巫，她们以牺牲男性的幸福为代价来庆祝自己可怕的欲望；而在现实中，事实正好相反。

一位美国精神病学家曾在监狱中工作多年，接触过一些杀人犯和强奸犯。在一起枪击惨案发生后，他说，针对女性的暴力几乎都源自自卑造成的无力感：好像失去了对自身

16　Bob Herbert, Op-Ed Colum Women at Risk, *New York Times*, 2009 年 8 月 7 日，https://www.nytimes.com/2009/08/08/opinion/08herbert.html?-r=I。

男子气概的确信。他们在女人那里无法获得成功，便采取惊人的暴力行为，最终得到了渴望多年的关注：

> 主流文化中充斥着最可怕的厌女症，色情业现在已成为价值数十亿美元的产业——很多都由美国主流公司操控。美国群体谋杀事件中令人瞩目的是，我们发现那些杀人者每每为羞辱和性方面的耻辱所伤害，并不可避免地将这一切归罪于女人和女孩们。他们应付这种自卑感的方法，就是拿起一杆（或几杆）枪，开始杀人。[17]

我们都渴望安全，渴望在社会中发挥作用。我们希望被需要，被认真地对待。“Me Too”运动过去是（现在也是）一个我们极其需要的运动，但受害者不应该是任何人应该长久扮演的角色，而且将所有问题都归罪于异性实在是太容易了。

鉴于权力关系可能发生微妙的转换，一起事件背后到底是谁掌握着权力往往不是那么清楚。过去，很多女性在身处高位的男性面前扮演着卑微、逆来顺受的受气包的角色——即使在今天，很多女人依然在这样做。“Me Too”运动准确地指出了这种权力的不平等，但忽视了女性自身在某

---

17 Bob Herbert, Op-Ed Colum Women at Risk, *New York Times*, 2009 年 8 月 7 日，https://www.nytimes.com/2009/08/08/opinion/08herbert.html?-r=I。

些情况下所拥有的权力。这种权力的存在由我们在此前各章遇到的多种形式的恐惧所证实：对某种与自己不同的、诱人的存在所具有的神秘的陌生感的恐惧。对诞育生命的力量的恐惧长久以来扰乱着性别关系，对此，全世界的口头和文字传统都提供了具有说服力的证明。贬低女性或将她们视为具有破坏性的敌人，这一根深蒂固的需要也反映了这种古老的恐惧。

对男性的恐惧和敬畏仍然无处不在，女性却很少意识到自身的权力。权力须慎用。在体能、性、经济、智力等方面拥有更多权力的人，在建立和保持更具人道性的关系方面负有更多的责任，这是一条适用于所有人的黄金法则。

战胜阻力、实行自主从来不易，尤其是对那些已经内化了自身服从地位的人来说。女性必须摆脱她们作为默默地取悦他人的对象的传统角色，宣扬一种植根于品质和才能的自由——这些品质与她们的外表无关。

谁是别人欲望的受害者，谁就不能马上满足自己的欲望。这并不是要降低男性的性意识，而是要提升女性的性意识。最人道的前提是，没有人有权以牺牲他人为代价发生性行为；或者用斯蒂芬·桑德斯（Stephan Sanders）的话说："也许存在性权利这种东西，但这当然不包括他人的性。"人们始终有能力调整根深蒂固的生活方式，挑战自己或互相挑战，进而选择新的方向。相比于执着地关注阴茎或阴道的独白，我们更应该探索两性如何协作，以做得更好，并着眼于彼此的弱点。这一点不仅适用于性，也适用于我们彼此间最日常的互动。从最广泛的意义上讲，我有这样一个梦想。